Desvios

Tony Evans

Desvios

NADA NA SUA VIDA ACONTECE POR ACASO

Copyright© 2017 de Tony Evans
Título original: *Detours: The Unpredictable Path To Your Destiny*.
Publicado por B&H Publishing Group
Nashville, Tennessee, EUA.
Todos os direitos reservados.

1ª edição: setembro de 2021

TRADUÇÃO
Danny Charão

REVISÃO
Luiz Werneck Maia

DIAGRAMAÇÃO
Catia Soderi

CAPA
Rafael Brum

EDITOR
Aldo Menezes

COORDENADOR DE PRODUÇÃO
Mauro Terrengui

IMPRESSÃO E ACABAMENTO
Imprensa da Fé

As opiniões, as interpretações e os conceitos emitidos nesta obra são de responsabilidade do autor e não refletem necessariamente o ponto de vista da Hagnos.

Todos os direitos desta edição reservados à

EDITORA HAGNOS LTDA.
Av. Jacinto Júlio, 27
04815-160 — São Paulo, SP
Tel.: (11) 5668-5668

E-mail: hagnos@hagnos.com.br
Home page: www.hagnos.com.br

Editora associada à:

Dados Internacionais de Catalogação na Publicação (CIP)
Angélica Ilacqua CRB-8/7057

Evans, Tony -1949

Desvios: nada na sua vida acontece por acaso / Tony Evans; tradução de Danny Charão. — São Paulo: Hagnos, 2021.

ISBN 978-85-7742-316-3

Título original: Detours: the Unpredictable Path to Your Destiny.

1. Mudança (Psicologia) 2. Vida cristã 3. Destino 4. Predestinação I. Título II. Charão, Danny.

21-3685   CDD 248.4

Índices para catálogo sistemático:
1. Mudança (Psicologia)

AGRADECIMENTOS

Agradeço a toda a equipe do B&H Publishing Group. Primeiramente, a Jennifer Lyell, que lidera a equipe do editorial tão bem e que acreditou na obra *Desvios* desde o início. A Kim Devin Maddox. A Dave Schroeder Stanford, e a muitas outras pessoas que reuniram os muitos detalhes necessários à criação de livros a partir de palavras colocadas em uma página. Obrigado! E a toda a nossa família LifeWay, liderada pelo corajoso Thom Rainer, a minha mais sincera gratidão estende-se a vocês em Nashville, Tennessee. Obrigado pelo trabalho de vocês no Reino!

Sumário

Introdução — **O que é o destino?** 9

Capítulo 1 — **O propósito dos desvios** 27

Capítulo 2 — **A dor dos desvios** 39

Capítulo 3 — **O padrão dos desvios** 53

Capítulo 4 — **A purificação gerada pelos desvios** 65

Capítulo 5 — **As provas dos desvios** 79

Capítulo 6 — **A presença dos desvios** 89

Capítulo 7 — **O objetivo dos desvios** 101

Capítulo 8 — **O plano dos desvios** 111

Capítulo 9 — **O perdão de desvios** 123

Capítulo 10 — **O prazer dos desvios** 133

Capítulo 11 — **A providência dos desvios** 145

CAPÍTULO 12 — **A perfeição dos desvios** 155

CAPÍTULO 13 — **A perspectiva dos desvios** 165

CAPÍTULO 14 — **A paz nos desvios** 175

CAPÍTULO 15 — **A paciência nos desvios** 187

CAPÍTULO 16 — **O caminho dos desvios** 199

CONCLUSÃO 213

INTRODUÇÃO

O que é o destino?

Milhões de pessoas adoraram a série de TV *Seinfeld* quando foi ao ar. Determinado núcleo universitário de dramaturgia fez um estudo para descobrir por que a série era tão popular. Concluiu-se que o motivo se devia a sua programação sem enredo. *Seinfeld* apenas fluía despretensiosamente de uma cena, de uma circunstância para a outra, sem conexão. O núcleo universitário de dramaturgia concluiu que os americanos que levam uma vida sem enredo preferem programas de TV igualmente sem enredo.

Atualmente há uma falta de lógica na vida de muitos de nós. Muitas vezes migramos de uma cena, de uma circunstância para a seguinte, sem propósito. Vagamos do Ensino Médio para a faculdade, da faculdade para o nosso primeiro emprego. Então, não vemos a hora de nos casar. Depois, uma vontade enorme de ter filhos. Mais tarde, tudo o que queremos é que eles saiam de casa. Posteriormente, tudo o que queremos é a aposentadoria, apenas para chegarmos à conclusão de que estamos morrendo — sem nunca saber, de fato, o porquê de estarmos vivos.

Como seria, no entanto, a vida se todos vivêssemos com um propósito, com um destino? Como agiríamos e pensaríamos de forma diferente se víssemos a mão de Deus nos enredos de nossa vida conectando uma circunstância à outra na tapeçaria de sua vontade? Como isso determinaria nossas emoções? Como isso determinaria nossas escolhas? Como isso determinaria nossa perspectiva?

Acredito que haveria grande influência, porque quando você acrescenta propósito à combinação de dor e paciência, isto lhe dá a capacidade de seguir em frente, de persistir quando o seu "levante-se e siga em frente" já se levantou e foi embora. Isto lhe dá a força para aceitar e enfrentar os seus medos, desilusões e dores, em vez de procurar distrações para os evitar.

Uma vez que o título deste livro — que compartilha princípios bíblicos de como Deus frequentemente vai levá-lo de onde você está agora para onde ele quer que você esteja — é *Desvios* —, pensei que seria melhor se começássemos com um olhar para o destino. Vejamos o que significa *destino*.

O destino *é a vida personalizada para a qual Deus nos capacitou e nos ordenou, a fim de lhe trazer maior glória e a expansão máxima de seu reino*. Cada cristão deve entender, antes de

O que é o destino?

tudo, que seu destino último é glorificar a Deus e fazer com que seu nome seja conhecido (Isaías 43:6-7). O destino sempre começa a partir deste ponto. Sempre implica em trazer glória a Deus de alguma forma. Dá-se pela manifestação de Deus integralizada em nossa vida de tal forma que pessoas entrem em

> *O destino é a vida personalizada para a qual Deus nos capacitou e nos ordenou, a fim de lhe trazer maior glória e a expansão máxima de seu reino.*

contato com Ele por meio de nossas palavras, espírito, emoções ou ações. Se você quer encontrar o seu destino, encontre Deus. No fim das contas, ele é o autor de seu destino.

E não quero dizer "encontre-o" como se Ele estivesse perdido e você não o conhecesse. Quero dizer "aproxime-se dele". Conheça o coração de Deus. Chegue ao ponto de reconhecer a voz dele mais do que a de qualquer outra pessoa em sua vida. Descubra o que lhe apraz e faça com que Ele se agrade de você. Passe tempo com Ele. Fale com Ele. Deus deve ocupar o lugar central em seu coração, mente, motivação e ações (Deuteronômio 6:5). Afinal, o cerne do próprio destino é servir aos propósitos de Deus.

À medida que obedece e serve ao Senhor, Ele deixará o seu propósito para você extremamente claro (Provérbios 3:5-7). Você não terá de caçá-lo, ou persegui-lo, ou colocar velo de lã sobre velo de lã para o discernir. Deus não está brincando de esconde-esconde com o seu destino. Ele apenas quer que você o busque primeiro, e então todas as coisas das quais você precisa em sua vida lhe serão dadas.

Por que descobrir e viver o seu destino é tão importante?

Tenho servido como pastor por mais de quarenta anos. Isso me deu a oportunidade única de estar na vida das pessoas em um nível que a maioria não experimenta. Com isso, sou capaz de notar padrões que aparecem rotineiramente. Um padrão que vi repetidamente é de propósito vinculado à satisfação pessoal. Quando as pessoas não vivem com a percepção de que Deus lhes deu um propósito divino na vida — ou de que o estão realizando —, ficam deprimidas. Já testemunhei isso mais vezes do que desejava. É por isso que sou tão apaixonado por ajudar as pessoas a encontrar os princípios que podem abrir o caminho do destino na vida delas. Todos têm um destino e um propósito a cumprir. Todos!

Cada membro do corpo de Cristo tem um papel único a ser desempenhado. Mas quando alguns membros não cumprem o destino que Deus lhes deu, o corpo não pode funcionar (Romanos 12:4-8) como foi designado para funcionar. Outros são afetados negativamente quando você não desenvolve o seu propósito. Estamos todos interligados no reino de Deus, e é por isso que é essencial que todos façamos da busca de Deus e da realização do nosso propósito algo importante. Não apenas porque isso beneficiará os outros, mas também porque beneficiará você.

Quando você descobrir o seu destino, começará a viver a vida como nunca viveu antes. Você terá habilidades para se recuperar de decepções e de desafios, até mesmo da dor. Você encontrará resolução e determinação que lhe permitirão realizar coisas que você nem sabia que poderia realizar. Sua paixão e prazer pelo que você faz contagiarão as pessoas ao seu redor, tornando, como resultado, sua esfera de influência ainda melhor. Você irá se sobrepor a coisas que costumavam derrotá-lo.

Embora a perseguição tenha atormentado o apóstolo Paulo ao longo de sua vida, ele frequentemente rememorava o destino que Jesus lhe dera na estrada de Damasco e readquiria a confiança para continuar (Atos 9:3-6; 22:6-10). Sabemos que estamos cumprindo o nosso propósito por meio da força que encontramos para continuar quando as circunstâncias dizem que a maioria das pessoas desistiria.

Exclusivamente você

Certa vez uma menina pediu ao pai uma moeda de cinco centavos de dólar. Ele enfiou a mão no bolso, mas não tinha trocados. Então o pai tirou a carteira e tudo o que tinha era uma nota de vinte dólares. Sua filha havia sido uma boa menina, então ele disse: "Querida, eu não tenho uma moeda de cinco centavos, mas aqui está uma nota de vinte dólares".

Desvios

A menina amuou e disse, "Mas papai, eu quero uma moeda de cinco centavos". O pai tentou explicar quantas moedas a nota de vinte dólares representava, mas ela não entendia. Muitos de nós somos assim. Queremos uma moeda de cinco centavos quando Deus quer nos dar uma nota de vinte dólares. Queremos tanto a nossa vontade que perdemos o destino perfeito de Deus para nós — que vale muito mais do que vinte dólares!

Muitos de nós perdemos um destino glorioso porque queremos o que queremos. Queremos uma moeda de cinco centavos. Queremos o que sabemos. O que podemos ver. Mas Deus sabe que fomos criados para muito mais. Ele deseja nos ensinar isso se aprendermos a abandonar nossos próprios planos e nossa própria vontade e o buscarmos primeiro.

Muitos cristãos acreditam que são pessoas "padronizadas". Quando entramos em uma loja de roupas, podemos escolher entre uma série de camisas, cintos, vestidos e pares de sapatos. Mas antes de esses itens de roupa chegarem à prateleira da loja, eles foram produzidos em série em uma grande fábrica, provavelmente com pouca atenção para cada camisa individual, cinto ou meia. Mas Deus não produz pessoas "padronizadas". Cada um de nós foi especialmente concebido por sua mão soberana e amorosa. O fato de as impressões digitais de cada indivíduo serem completamente únicas prova que Deus não produz pessoas em série.

Parte de viver o seu destino consiste em desenvolver a sua singularidade. Deus desenhou você unicamente para os propósitos dele. Deus teceu a sua vida intrínseca e individualmente para glorificá-lo, abençoar os outros e expandir o seu reino. Salmos 139:13-14 diz: "porque foste tu que criaste as minhas entranhas; tu me teceste no ventre de minha mãe. Eu te louvarei pois me fizeste de forma admirável e maravilhosa".[1]

Outro versículo que fala de sua marca pessoal é encontrado em Efésios 2:10: "pois somos feitura de suas mãos, criados em Cristo Jesus para as boas obras, que Deus preparou de antemão para que andássemos nelas". Nesse versículo, a palavra *feitura* significa "obra-prima". Tenha em mente que a designação de *obra-prima* é reservada para o exemplo mais glorioso de uma determinada forma de arte, como um poema, uma pintura, uma escultura, ou uma composição musical. Obras-primas são conhecidas como tal por causa da habilidade e destreza de seu criador. Por isso, as obras-primas de Deus devem ser colocadas à parte (1Pedro 1:2-4). Para que você seja a obra-prima que Deus quer, ele precisa santificá-lo e torná-lo mais como Jesus Cristo. Para fazer isso, ele muitas vezes coloca desvios em sua vida, a fim de desenvolvê-lo. Ele leva você por um caminho que lhe dará a graça para crescer. Deus continuará a formá-lo e a moldá-lo como sua obra-prima ao longo de muitos desvios até que você esteja pronto para perceber plenamente tudo o que Ele projetou para que você realize.

---

1 A menos que haja outra indicação, os textos bíblicos são traduzidos diretamente do original inglês.

Não apenas você é uma obra-prima, mas Deus também preparou boas obras para você realizar. Isso significa que as boas obras que Deus preparou para você são as atividades biblicamente autorizadas que trazem glória a Deus e beneficiam os outros. Enquanto percorre o caminho das boas obras que ele preparou, você cumprirá o seu destino. Às vezes isso requer aprendizagem, crescimento e desenvolvimento como um indivíduo. Esses períodos são aquilo a que podemos chamar um desvio. São momentos em que Deus procura nos moldar ao caráter que Ele pode usar para as boas obras que preparou. Nem sempre é divertido. Às vezes dói. Muitas vezes dura mais tempo do que qualquer um de nós deseja. Mas Deus alcançará o seu resultado desejado, se você permitir. É somente quando brigamos, lutamos e reclamamos que nossos desvios se arrastam por mais tempo do que o necessário.

Quando você passa a ferro uma camisa que está enrugada, você tem de adicionar vapor e calor, a fim de remover os amassados. E porque passamos a ferro camisas, calças e vestidos? Porque queremos ter uma boa aparência quando usarmos tais roupas. Da mesma forma, Deus tem de nos fazer passar pelo fogo do refinamento para suavizar os lugares ásperos e corrigir nossas falhas.

Agora imagine se a camisa que você está passando a ferro não ficasse parada. Imagine se ficasse saltando para fora da tábua de passar. Ou se ela se enrolasse na forma de uma bola hermética toda vez que você tentasse passá-la. Quanto tempo demoraria

O que é o destino?

essa sessão de passar roupa, então, se a camisa simplesmente se deitasse e permitisse que você a estendesse com perfeição?

A mesma coisa se aplica a nós em nossos desvios. Muito frequentemente somos a causa de nossos próprios atrasos. Somos a causa de nossos desvios adicionais. A nossa falta de conformidade com o aprimoramento de Deus em nosso coração, espírito e alma irá prolongar com muita frequência aquilo que não nos agrada. A entrega é um segredo fundamental para acelerar o processo em direção ao seu destino.

Nós, como obras-primas de Deus, temos o nome e a imagem de nosso Mestre. Ele quer ter a certeza de que essa imagem é um bom reflexo de si. Quando cumprimos nossos destinos ordenados por Deus, Ele deseja que os outros vejam a beleza dele através de nós, e isso requer refinamento em nós.

Ferramentas do destino

Um martelo e um cinzel nas mãos de um escultor podem transformar um pedaço de pedra em uma obra de arte. Com cada golpe, quando o martelo atinge o cinzel, pedaços de pedra caem, revelando, no fim, uma bela escultura. Embora o processo de cortar a pedra pareça duro e implacável, o resultado vale o esforço.

Da mesma forma, quando Deus põe as mãos em nossas experiências alegres e dolorosas, Ele pode transformar nossa vida em uma obra-prima que reflete sua glória e canaliza suas bênçãos aos outros. Deus usará nossas habilidades, instrução e interesses para nos ajudar a descobrir nosso propósito na vida. Ele também transformará nossos fracassos e pecados em oportunidades para nos tornar as pessoas que Ele nos criou para sermos. E mesmo quando enfrentarmos a injustiça, a perseguição e a tragédia insuportável, Deus transformará a nossa dor em um apego por Ele — se assim permitirmos.

Algumas das ferramentas primárias que Deus usa para nos ajudar a identificar nossos destinos divinos são as nossas experiências. Deus é capaz de unir o bem, o mal, e as experiências amargas pelas quais a vida nos fez passar para moldar uma bela obra-prima do destino e realizar o seu propósito em nossa vida.

Você acertou, no entanto. Você não pode ter experiências sem passar por — isso mesmo — experiências. Desvios são muitas vezes as oportunidades que Deus usa em nossa vida para nos esculpir por meio das experiências que enfrentamos. Podemos cooperar com esses desvios pedindo a Deus para revelar-nos as lições que Ele quer que aprendamos, ou as habilidades que Ele quer que desenvolvamos, e assim por diante, ou podemos reclamar, espernear, gritar, lutar e permanecer no desvio muito mais tempo do que deveríamos estar.

Uma das coisas que podem ajudar você e eu enquanto passamos por várias experiências na vida, pelas quais podemos não querer passar, é lembrar esta verdade bíblica: Deus usa todas as nossas experiências para lhe trazer glória, quando nós permitimos. Deus opera soberanamente por meio de todos os nossos desvios para glorificar a si mesmo e alcançar o que é melhor para o nosso desenvolvimento e para o bem que devemos levar aos outros (Romanos 8:28-30). Por meio de experiências boas, más e amargas, Deus o prepara para cumprir seu plano.

O bom

Boas experiências são as coisas positivas que aconteceram como resultado da vontade de Deus e das escolhas boas que você fez. Isso pode ser a sua educação, relações interpessoais, família, conquistas e muito mais. Deus irá usá-los para prepará-lo especialmente para cumprir o seu plano. Isso pode acontecer mesmo se você não se propôs a servir a Deus nessas experiências que você adquiriu. Por exemplo, Deus usou a formação de Saulo como um fariseu, a santificou e a usou para preparar o "Paulo" convertido para criar o fundamento teológico da Igreja nas cartas do Novo Testamento escritas por ele (Atos 22:3).

Deus também usou a profissão de Pedro como pescador para transformá-lo em um pescador de homens e um líder na Igreja Primitiva (Mateus 4:18-20). Deus usou o treinamento de Moisés na casa real egípcia para lhe conceder a possibilidade de redimir o povo de Deus (Êxodo 3:10). Deus usou a beleza de Ester para torná-la rainha a fim de que ela pudesse salvar seu povo (Ester 4:14).

O mau

Deus também usará suas más experiências para alcançar a sua vontade. Más experiências são os erros, pecados, fracassos, consequências e arrependimentos que ocorreram por causa de nossas próprias escolhas. Deus pode usar suas más experiências e transformá-las em ferramentas para glorificá-lo. Por exemplo, Pedro negou Jesus três vezes, mas Deus usou esse fracasso para tornar Pedro humilde e prepará-lo para o ministério e para fortalecer outros cristãos (Lucas 22:31-34).

Como Deus restaurou Pedro depois que ele negou Jesus? Quando Pedro estava pescando no mar da Galileia, ele viu Jesus na praia cozinhando peixes sobre um fogo de carvão. A palavra grega para *carvão* é usada apenas duas vezes no Novo Testamento — uma vez quando Pedro estava aquecendo suas mãos sobre um fogo de carvão, quando ele negou Jesus, e outra vez quando Jesus cozinhou o café da manhã de Pedro sobre o fogo de carvão. Deus levou Pedro de volta para o lugar do seu fracasso — para o fogo de carvão, como quando ele negou seu Senhor —, honrou-o e então disse-lhe para apascentar as suas ovelhas. Pedro, por fim, estava pronto para ajudar os outros.

Uma coisa a se lembrar em relação às más experiências em sua vida é que você deve aprender com seus fracassos e as consequências das más escolhas e ser humilde para que Deus possa usá-las para o seu bem. Deus muitas vezes irá levá-lo de volta a um ponto semelhante ao de um tempo de fracasso em sua

O amargo

Por último, Deus usa suas experiências amargas para realizar seus desejos. Experiências amargas são as coisas que aconteceram com você, mas que não são sua culpa, tais como abandono, abuso, negligência, injustiça e doença. Como estudaremos em nosso tempo juntos neste livro sobre desvios, José nasceu em uma família disfuncional, foi vendido por seus irmãos, foi injustamente acusado pela mulher de Potifar, foi enviado para a prisão injustamente e esquecido. Nenhuma história é tão amarga como a de José.

No entanto, em seu tempo perfeito, Deus elevou José a uma posição de influência. José não permitiu que a amargura se instaurasse por meio de experiências negativas que ele claramente não merecia. Em vez disso, ele viu a mão de Deus trabalhando por meio de pessoas más e de injustiça para colocá-lo em uma posição para salvar sua família e seu povo (Gênesis 50:20). Como José reconheceu a soberania de Deus, ele confiou nele e não permitiu que a amargura se enraizasse em seu coração (Gênesis 39:20-23).

Algumas das coisas primordiais que Deus usa para nos ajudar a identificar seu destino divino projetado são as nossas experiências boas, más e amargas. Deus tem a capacidade de remover a nossa desordem, ou desordem que as pessoas nos geram, e construir os nossos milagres. No entanto, uma das razões pelas quais muitas pessoas ficam presas em um desvio após outro é que não aprenderam com os seus fracassos, ou não aprenderam a perdoar os fracassos das outras pessoas.

Deus tem uma maneira de retirar o mal e torná-lo em bem quando nos rendemos a sua mão, a sua soberania, ao seu plano.

É tudo uma questão de alinhamento

Assim como um carro deve estar alinhado, a fim de se deslocar suavemente pelas estradas da vida, também precisamos estar espiritualmente alinhados com Deus, a fim de percorrer nossa jornada tranquilamente. As portas permanecem fechadas quando estamos fora de alinhamento. Os desvios continuam surgindo por quilômetros e quilômetros à frente. O alinhamento é um dos componentes espirituais fundamentais que tão poucas pessoas parecem entender, e muitas outras parecem não aplicar. No entanto, isso pode abrir seu caminho para o destino mais rápido do que quase qualquer outra coisa (João 15:5).

Havia um homem de negócios que teria um dia que lhe exigiria muito pela frente e já estava atrasado para o trabalho. Ele ligou o carro, colocou-o em marcha à ré, e apertou o botão para abrir a garagem. Nada aconteceu. Ele apertou o botão uma e outra vez, um pouco mais forte em cada uma das vezes. Nada ainda. *Tenho de sair desta garagem e chegar a tempo para a minha grande reunião*, ele pensou. Frustrado, desengatou a marcha à ré, tirou o celular do bolso e ligou para o conserto de portas de garagem.

Quando o técnico atendeu ao telefone, o empresário explicou a situação e implorou por ajuda. "Não consigo chegar ao meu destino porque estou preso em minha garagem."

O técnico da porta de garagem disse ao empresário para ir até a porta da garagem e encontrar o que pareciam uma pequena caixa no canto inferior esquerdo e direito da porta. Então o empresário encontrou as pequenas caixas.

O técnico perguntou: "As luzes vermelhas no centro das caixas estão apontadas exatamente uma para a outra?". O empresário notou que as luzes vermelhas de uma das caixas não estavam alinhadas.

O técnico disse: "Esse é o seu problema. Quando as luzes vermelhas não estão em perfeito alinhamento, a porta não pode receber o sinal para ser aberta". Depois que o empresário reajustou a caixa um pouco, as luzes vermelhas se alinharam, a porta se abriu, e ele estava do lado de fora para enfrentar seu atarefado dia.

Uma das razões pelas quais as pessoas têm dificuldade em permanecer em desvios muito tempo é porque elas estão fora de alinhamento com Deus — o único que pode lhes indicar a linha reta a seguir. Se os cristãos vivem vidas desalinhadas, não receberão o seu sinal. Não ouviremos "vire aqui" quando for necessário. Ou "fale com esta pessoa", ou "tente esta vaga de emprego". Em vez disso, vamos ficar presos a tentar descobrir constantemente as coisas por conta própria, com base na lógica e no raciocínio. Enquanto a lógica e o raciocínio têm o seu lugar, muitas incógnitas existem no caminho da vida — coisas que não podemos ver, ouvir ou até prever podem acontecer. Somente Deus conhece o princípio desde o fim. Somente Deus sabe o que ele planeou ao longo do caminho. A lógica e o raciocínio somente podem discernir dentro do contexto de sua própria consciência. Mas quando você estiver alinhado com Deus e permanecer em seu Espírito, ele guiará seu espírito como um sistema de GPS pessoal.

Muitas pessoas que têm uma TV têm algum tipo de antena parabólica. Quando a antena pega a frequência, você tem uma imagem e pode ver seu programa de TV favorito claramente. Mas quando o sinal é interrompido, embora tenha sido enviado, sua antena não o recepta. E não se vê nada na televisão.

Da mesma forma, Deus quer dar a você os próximos passos em seu desvio para o seu destino. Mas ele quer saber se você está em posição de receber a mensagem dele. Isso significa que você deve se afastar desta ordem mundial estática, dos pensamentos que negam a estrutura espiritual da verdade bíblica — do materialismo, da distração e do mundanismo.

Quando você se posiciona em sua presença, ele fala.

O Senhor falou aos apóstolos e separou Paulo e Barnabé para seu propósito, *enquanto* os apóstolos estavam adorando o Senhor em sua presença (Atos 13:2-3). Deus muitas vezes nos dá orientação em meio às práticas de nossas disciplinas espirituais, incluindo adoração, jejum e oração. O que é adoração? É posicionar seu espírito em alinhamento com Deus para que você possa ouvir dele. Quando você adora a Deus, você reconhece quem Ele é, o que Ele fez e o que você confia que Ele fará no futuro. Você reconhece e descansa na preeminência dele acima de tudo, até mesmo de você. O Senhor quer orientá-lo, mas você deve permanecer em uma condição em que possa ouvi-lo.

Se você sente que está fora de alinhamento, uma coisa que pode fazer é começar a viver em submissão a Ele. As Escrituras dizem que esse é o nosso ato diário de adoração. Submeter sua perspectiva, planos e vontade alinha a sua alma com Ele. Então você é capaz de entender sua vontade perfeita e vê-la sendo trabalhada em sua vida (Romanos 12:1-2).

Quando um bebê está na posição pélvica, sua cabeça está levantada. O médico tem de inserir a mão, dar a volta no bebê e apontar a cabecinha para baixo. No entanto, quando a cabeça do bebê está no lugar certo, é hora de dar à luz. Quando você vive com sua mente e pensamentos focados na direção errada, você terá dificuldade em encontrar o seu destino. Você vai de um desvio a outro, e a outro. Mas quando você permite que o grande médico ajuste sua cabeça — ao baixar a cabeça, mesmo que o processo possa ser doloroso —, você se torna pronto para andar com propósito.

Lembre-se sempre, mesmo em lugares escuros, de que Deus tem um plano para você. A boa notícia é que você não tem de encontrar a saída dos seus desvios. Apenas tem de encontrar Deus, e Ele lhe concederá a porta de saída. Mas antes disso, Ele pode ter algumas coisas para preparar antes. Vamos aprender sobre isso nos próximos capítulos.

CAPÍTULO 1

O propósito dos desvios

 Desvios são atrasos. São rotas redirecionadas que nos afastam da rota original. Desvios aparecem em lugares que não esperávamos. Quando entramos em nossos carros, fazemos isso com um destino em mente. Planejamos ir a *algum lugar*.

E normalmente sabemos *como* planejamos chegar lá — que estrada vamos pegar, qual evita o trânsito pesado, e que ruas laterais vamos usar para chegar ao nosso destino final.

E mesmo que não saibamos o caminho, podemos digitar o endereço de destino em nosso aplicativo de smartphone, e confiar em uma voz automatizada que nos guiará em cada curva.

Independentemente de estarmos seguindo nosso próprio mapa mental ou a voz em nosso celular, às vezes nos deparamos com um desvio (algo que não esperávamos). Um bloqueio que nos obriga a fazer um retorno ou a enveredar por um caminho inesperado.

Não sei quanto a você, mas gosto de chegar aonde vou sem desvios.

Na verdade, quando meus filhos eram mais novos e colocávamos todos no carro para ir de Dallas a Baltimore visitar os meus pais em todos os verões, eu praticamente não fazia paradas. Às vezes eu acelerava com base no tempo de viagem do ano anterior, a fim de ver se eu poderia bater o meu tempo.

Se as crianças precisassem ir ao banheiro, eu lhes dizia que esperassem. Se tivessem sede, tinham de esperar. Você consegue perceber um método em minha loucura? Se eu conseguisse uma bebida para as crianças, teríamos de fazer mais paradas para usar o banheiro. Essencialmente, todos eles estavam condicionados ao meu arbítrio, pois eu tinha um destino ao qual chegar.

Como podem imaginar, se não paro nem mesmo para coisas normais como comida e idas ao banheiro, vocês podem imaginar o que sinto em relação a um desvio. Não é bom.

Eu suspiro.

Eu reclamo.

Por que cargas d'água isso teve de acontecer comigo agora?

Alguma vez você fez algo parecido? Você já esteve dirigindo pela estrada quando tudo estava bem até chegar a um canteiro

O propósito dos desvios

de obras com placas alaranjadas e setas e experimentar toda a sua mudança de atitude e de perspectiva?

Admiti que as minhas mudaram, e você também pode admitir.

Desvios são tipicamente inconvenientes inesperados que, impreterivelmente, causam, como um quebra-molas, uma redução de velocidade em suas emoções. Ou é uma sinalização que aparece, ou uma pessoa que corta a sua frente o fazendo desviar, ou um carro da polícia estacionado e com luzes acesas para lhe dizer que a estrada pela qual você viaja está interditada. Agora, por causa do desvio, você e eu devemos sair do caminho tradicional, levar mais tempo do que desejávamos, e ser perturbados para chegar aonde esperávamos ir.

Poucos de nós gostam de ser parados por qualquer razão. Mesmo que seja apenas alguém que corta a nossa frente no trânsito e nos força a diminuir a velocidade. Mas são necessários

Desvios são coisas boas que muitas vezes nos fazem nos sentir mal.

desvios, se melhoramentos precisam ser feito nos caminhos que percorremos. Ou se os destroços de um acidente serão removidos da estrada ou se algum perigo será evitado. Desvios são projetados para o nosso próprio bem, independentemente de como os vemos ou nos sentimos em relação a eles. Desvios são coisas boas que muitas vezes nos fazem nos sentir mal.

Os desvios divinamente orquestrados são interrupções positivas concebidas com o propósito de nos reconduzir a um caminho melhor para que possamos ter a oportunidade de chegar ao nosso destino.

Permitam-me que eu repita, mesmo que não ouçamos com frequência: *desvios podem ser uma coisa boa*. Proporcionam segurança, oportunidades de melhoria da estrada e uma forma diferente de chegar aonde queremos ir.

Se você ficasse parado em uma sinalização de desvio e se recusasse obstinadamente a fazer o desvio, você não iria a lugar algum. Apenas ficaria ali parado. Durante dias. Possivelmente semanas, talvez.

Sim, um desvio pode demandar mais tempo do que o que você havia planejado originalmente; no entanto, não vai demorar mais caso você tentasse forçar o caminho original. Isso não o leva a lugar nenhum.

Desvios no caminho da vida

Se você é um crente em Jesus Cristo, você tem um destino. Muitas vezes faremos referência a isso ao longo deste livro, e na vida, como seu *destino*.

De uma perspectiva eterna, sabemos qual é o nosso destino e que isso diz respeito a estar na presença de Deus para sempre

— adorando e servindo a Ele em nosso estado eterno. Esse é o nosso *destino eterno*.

Mas cada um de nós também tem um destino temporal aqui na Terra. Chamo isso de nosso *destino histórico*. É o propósito único para o qual você e eu fomos criados a fim de cumpri-lo.

Deus tem um plano para você. Ele tem um plano para a sua vida. Ele tem um propósito para a sua existência. A razão pela qual você não foi levado para o céu no momento de sua conversão é porque há um propósito na Terra; Ele deseja que você desenvolva o seu destino. O seu destino não é apenas passar pelas rotinas dia após dia. É um selo projetado por Deus em sua alma que diz respeito ao uso de seu tempo, talentos e tesouros para a glória de Deus e o bem de outras pessoas para o avanço do seu reino. À medida que você cumpre o seu destino, você recebe a satisfação e o contentamento que vêm de pôr em prática a sua vocação. Você recebe a paz oriunda do propósito.

Raramente, porém, Deus leva alguém ao seu destino sem conduzi-lo em pelo menos um desvio, ou dois, ou dez, ou cem. Um em um milhão de cristão que vai do ponto A para o B, do B para o C e, seguidamente, até o Z. Na maioria das vezes, Deus leva você de A para F, de F para D, de D para R, de R para B, de B para Q, e assim por diante. Nunca se sabe a que letra ele irá levá-lo em seguida.

Como indivíduos, gostamos de planejar. Fazemos os nossos itinerários quando viajamos. Mantemos um registo de nosso cronograma em um aplicativo de organização. Apreciamos a eficiência de avançar de forma constante. Nunca planejaríamos o caos e desviaríamos a nossa vida de propósito. E, no entanto, esse parece ser o *modus operandi* de Deus — seu modo padrão para nos guiar.

Isso porque é em meio aos nossos desvios que somos desenvolvidos para o nosso destino.

Desenvolvimento

Parte de experimentar a plenitude do seu destino é compreender os seus desvios. Muitas vezes não compreendemos os nossos desvios e, como resultado, acabamos por vê-los sob uma perspectiva errada. Quando isso acontece, damos espaço para coisas como impaciência, amargura, arrependimento e dúvida crescerem. Em vez de permitir que os desvios produzam o desenvolvimento de que precisamos, eles, na verdade, nos fazem retroceder espiritualmente, criando assim uma necessidade de mais desvios para crescermos, o que pode se tornar um ciclo vicioso.

Por exemplo, quando você estava na escola, tinha de encarar provas. Essas provas diziam ao professor onde você se encontrava dentro do assunto que precisava aprender. Se você não fosse capaz de passar por essas provas, então mais atribuições e mais provas teriam de ser aplicadas. Alguma vez você conheceu alguém que "eliminou matérias" em uma turma ou em um trabalho? Isso acontece quando eles percebem que têm

O propósito dos desvios

conhecimento suficiente para passar na prova sem ter que fazer o trabalho. Nesse caso, eles fizeram uma prova e ao marcarem uma alta pontuação, eles puderam pular o restante do curso.

Nunca "eliminei matérias" em um curso, mas conheço pessoas que o fizeram. A maioria de nós tem de passar pelo processo de aprendizagem — infelizmente, alguns de nós mais frequentemente do que outros — a fim de adquirir domínio sobre o que precisamos saber.

Deus não levará seu destino ao pleno desfrute até que Ele saiba que você é capaz de lidar com isso espiritual, emocional e fisicamente. Se você não consegue lidar com isso, irá *perdê-lo* em vez de *usá-lo*, para a glória de Deus. É por isso que ele se concentra tão intensamente em nosso desenvolvimento à medida que Ele nos leva ao nosso destino.

Quando você olha para a Escritura, ela está cheia de destinos sendo alcançados por desvio. Quando Deus disse a Israel que os levaria ao seu destino em Canaã, eles tiveram de atravessar o mar Vermelho para chegar lá. No entanto, Ele não os levou diretamente para o mar Vermelho. Em vez disso, os levou para o sul e depois os trouxe de volta antes de os levar através do mar Vermelho. De fato, porque ainda não haviam se desenvolvido em um nível de fé de que precisavam para vencer o inimigo na Terra Prometida, acabaram vagando em um desvio de quarenta anos antes de alcançar seu destino.

O tempo e a duração de nossos desvios na vida dependem muitas vezes de nossas escolhas pessoais e de nosso crescimento.

Deus pode ter um curto desvio planejado para nós, mas às vezes, devido à nossa obstinação, teimosia, ou imaturidade Deus prolonga o nosso desvio.

Moisés esteve em um desvio durante quarenta anos. Ele sabia o que Deus queria que ele fizesse. Deus queria que ele livrasse o seu povo da escravidão. No entanto, levou quarenta anos no deserto para desenvolver Moisés no humilde e confiante servo que ele precisava ser, a fim de ter a mentalidade, fé e habilidades para realizar o plano.

Abraão esteve em um desvio de 25 anos. Em determinado momento Deus havia revelado seu plano a ele — que Ele iria abençoar as nações por meio de Abraão e tornar seu nome grande. Como Abraão poderia ter pensado naquela época que se passariam 25 anos antes que ele tivesse um filho? A visão e a proclamação de Deus a Abraão eram reais e vívidas. Teria sido estranho para Abraão acreditar naquele momento que levariam quase três décadas até que ele testemunhasse o nascimento literal disso.

Quando damos um plano ou projeção a alguém, normalmente o fazemos pouco antes de pôr o plano em execução. No entanto, Deus não é como nós e muitas vezes nos dará um vislumbre de nosso destino muito antes de estarmos preparados para tornar isso concreto, como ele fez quando disse a Abraão que haveria um desvio de quatrocentos anos no Egito antes que eles chegassem ao seu destino prometido (Gênesis 15:12-16).

O maior apóstolo do Novo Testamento, Paulo, dirigiu-se em um desvio de três anos a um deserto onde Deus o removeu da primeira página da cultura e da vida, a fim de fortalecê-lo, ensiná-lo e desenvolvê-lo para sua vocação.

Eu poderia continuar com exemplos bíblicos de desvios, mas acredito que você já entenda o cenário. Desvios são muitas vezes uma parte regular do plano de Deus para nos guiar aos nossos destinos.

Deus tem um destino para você. Ele tem um propósito e um lugar para que você desenvolva. Mas pode não acontecer amanhã. Provavelmente você não chegará lá indo em linha reta. A paciência é a virtude primordial necessária para alcançar o seu destino.

Eis uma passagem que fala sobre "provações", mas podemos facilmente substituir a palavra *aflição* por *desvios* e chegar ao mesmo significado pretendido:

> E não apenas isso, mas também nos regozijamos em nossas aflições *[desvios]*, porque sabemos que a aflição *[desvio]* produz resistência, a resistência produz caráter comprovado, e o caráter comprovado produz esperança. Tal esperança não nos desamparará (Romanos 5:3-5).

A esperança não desampara. Desvios desamparam momentaneamente. Mas quando permitimos que os desvios produzam esperança, Deus promete que a esperança não nos desamparará.

E para chegar a uma esperança autêntica em seu espírito, é necessário aceitar seus desvios.

Assim como seus músculos não se fortalecerão simplesmente pelo pensamento desejoso, o doloroso processo de fortalecer sua esperança vem por desvios, aflições e provações. Mostre-me alguém com uma esperança inquebrantável e veremos alguém que teve sua parcela de desvios. Garanto que isso é verdade. A esperança autêntica é uma característica adquirida.

Não me refiro a desejos nem a uma atitude otimista. Refiro-me àquele nível de esperança que permanece constante apesar da tempestade e das circunstâncias, que o rodeiam em ondas de caos, provações e dor.

Desvio de José

Não há ninguém na Escritura que ilustre melhor os princípios de desvios em relação ao destino do que José. Sua vida se parece com uma boa trama de suspense; apresenta-se como um filme épico. Há reviravoltas ao longo do caminho. Não apenas isso, sua vida contém histórias dentro de histórias dentro de histórias. Se você não foi diretamente para o fim da história, você pode se perguntar como ele poderia acabar bem no caminho. Mas acaba bem sim. Avançando do capítulo 37 ao 50, percebemos o ápice dos desvios e das angústias quando se dá a resposta de José àqueles que tinham servido como catalisadores para o caos da sua vida. Lemos:

O propósito dos desvios

> Porém, José lhes disse: "Não temais, pois estou eu no lugar de Deus? Quanto a vós, planejastes o mal contra mim, mas Deus planejou o bem, a fim de promover este desfecho, para preservar a vida de muitos" (Gênesis 50:19-20; NASB[2]).

Por favor, observe a frase: "planejastes o mal contra mim, mas Deus planejou o bem". Essa inclusão perspicaz nas Escrituras nos dá uma pista sobre a composição dos desvios. Podem muitas vezes conter o mal. Podem muitas vezes conter pessoas más. Na verdade, em nossa vida, podem até ser as nossas más escolhas que nos levam a um desvio. Nesta batalha cósmica do bem contra o mal não podemos esperar escapar sem entrar em contato próximo com aquilo que deseja o nosso mal.

O que fazemos, no entanto, frequentemente é ficar presos em desvios. Sofremos sob o mal de pessoas agindo maldosamente ou sob nossas próprias escolhas ruins produzindo amargura, cinismo, ódio e crescimento atrofiado. Apenas quando lemos toda a frase — mantendo a parte que José incluiu "Mas Deus planejou o bem" — é que somos capazes de avançar, crescer, confiar e alcançar o nosso destino.

O mal e o bem acontecem simultaneamente, a fim de nos levar ao lugar que Deus tem para nós. A primeira e maior lição em se tratando de desvios inclui reconhecer essa realidade em

---

2 As citações bíblicas foram traduzidas do original inglês. NASB é a abreviatura de *New American Standard Bible*, uma tradução da Bíblia para o inglês publicada por The Lockman Foundation. (N. do E.)

Desvios

um nível que lhe permite confiar em Deus e em sua mão em meio ao mal, ao pecado e ao desamparo em sua vida.

Deus é maior do que tudo isso e usará tudo para o bem quando nos rendermos a ele mediante um coração de fé, esperança, perdão e amor.

CAPÍTULO 2

A dor dos desvios

Sei o que é esperar por uma visão. Tendo estado no ministério por mais de quatro décadas, experimentei o Senhor me concedendo um sonho que eu sentia ser dele, e logo em seguida fazê-lo descarrilar por longos períodos.

Enquanto escrevo, encontro-me no meio de um desses enredos. Trata-se de uma propriedade que, há mais de uma década, Deus colocou no meu coração para comprar. É um belo pedaço do paraíso de 89 mil metros quadrados no coração do sul de Dallas. Há uma casa de estilo colonial impecável, construída na década de 1930, em seus campos preservados. A casa é tão bonita que foi usada como cenário no filme *Tender Mercies*.[3]

---

3 *Ternas misericórdias*. No Brasil, o filme foi intitulado *A Força do Carinho* (1983). [N. do E.]

Não sei bem por que, mas quando essa propriedade chegou ao mercado há muitos anos, o meu espírito não descansou até que eu começasse a orar para adquiri-la. Eu sabia que seria minha. Eu sabia que havia um propósito. Não conseguia ver o propósito, mas o Espírito não me deixou ter paz até que eu a adquirisse.

Agora, comprar 89 mil metros quadrados de terreno cheio de árvores, juntamente com uma casa e uma piscina, não é uma decisão pequena. Especialmente quando minha esposa e eu ainda vivemos na mesma casa pequena e de um andar há mais de 35 anos. Não fazia sentido por que eu iria querer comprar essa propriedade com as nossas próprias finanças pessoais em vez de nos mudarmos, minha esposa e eu, para uma bela casa nova pelo mesmo preço. No fim das contas, não seríamos nós que viveríamos na propriedade mesmo. Mas Deus deixou claro para mim que eu precisava comprá-la enquanto ainda estava disponível. E assim — depois de orar e falar com Lois sobre isso, e chegar a um acordo de que era o Senhor que estava colocando esse desejo em nosso coração —, nós a compramos.

Ao longo dos anos, essa propriedade tem servido a muitos propósitos. Serviu como a localização do nosso Centro de Gravidez de Risco para a nossa igreja. Tem sido um lugar para eventos e passeios familiares. Aliás, a nossa neta Kariss casou-se com o marido, Joshua, não há muito tempo, lá. Mas apenas recentemente é que percebi por que eu havia comprado essa propriedade há tantos anos. Quando a adquiri, a concepção do nosso centro de treinamento como patrimônio ainda nem havia nascido. Nem sequer era um embrião àquela altura. Uma vez que o conceito ainda não havia sido concebido, Deus não poderia me dizer por que eu precisava da propriedade. Ele apenas podia dizer que eu precisava dela.

Desde a data da compra, tenho envelhecido devido ao planejamento anual do futuro da organização. Durante esse tempo, nosso ministério nacional sentiu-se levado pelo Senhor a lançar um programa estratégico de treinamento online, juntamente com cursos locais, para sistematizar tudo o que tenho ensinado ao longo da minha vida dedicada ao ensino. Conforme percorríamos as fases de planejamento para este centro de treinamento, os 89 mil metros quadrados de terra localizados a apenas alguns passos de nossa casa se apresentaram como o local perfeito para essa sede. O lugar também nos dá uma maravilhosa e bela localização para pequenos eventos de treinamento no formato de retiro, à medida que vou envelhecendo e viajando menos.

Deus sabia, havia muito tempo, o que Ele queria para aquela terra agora; e se eu não tivesse agido com fé pela orientação de seu Santo Espírito, ela poderia não estar disponível para nós atualmente. Às vezes Deus nos pede para dar o próximo passo sem nos mostrar o destino. Viver uma vida de fé envolve desvios. Quando entendemos que essa é uma realidade normativa, nos tornamos mais dispostos a dar passos em fé, confiando que Deus revelará a lógica e a razão conforme o tempo avança.

Um lar disfuncional

A história de José ilustra isso melhor do que, talvez, qualquer outra coisa que me ocorra. Na Bíblia, sua história começa para nós quando José, o décimo primeiro filho de Jacó, tem dezessete anos de idade, e o descobrimos como um adolescente em uma casa muito disfuncional. Seu pai é conhecido como um enganador e um trapaceiro. Durante toda a sua vida, Jacó enganou e trapaceou as pessoas a fim de conseguir o que queria. Ele era um manipulador profissional. Um dos mais infames enganos pelo qual é conhecido é o de trapacear seu pai para lhe dar o direito de progenitura que era de seu irmão mais velho, e não dele.

Jacó teve doze filhos com quatro mulheres diferentes, o que explica grande parte da disfunção — doze meninos gerados de quatro mulheres diferentes podem dar origem a algumas complicações graves no futuro. Em meio a esse drama familiar, as crianças cresceram e criaram vários tipos de caos. Um dos filhos, Rúben, teve relações sexuais com uma das esposas de seu pai. Quando o ocorrido chegou ao conhecimento de Jacó — e chegou, de fato — você pode imaginar o que aconteceu. Um *reality show* não é capaz de refletir a família de José. Pode ser que você consiga acompanhar o *reality* da família Kardashian, mas duvido que alguém consiga acompanhar José e seus irmãos. Eles teriam sido expulsos da televisão simplesmente devido ao nível de crise que enfrentaram. Eles teriam sido cancelados e expulsos das redes sociais.

Dois dos irmãos de José, Simeão e Levi, foram genocidas. Em Gênesis 34:25 Lemos: "no terceiro dia, quando eles [os homens da cidade] ainda estavam sob sofrimento, dois dos filhos de Jacó, Simeão e Levi, irmãos de Diná, tomaram suas espadas, entraram na inocente cidade, e mataram todos os homens". Não surpreendentemente, estes dois irmãos armaram contra a cidade por meio de engano. Convenceram toda a cidade a ser circuncidada e depois agrediram brutalmente os homens enquanto se recuperavam e eram incapazes de revidar.

Além disso, o irmão de José, Judá, teve relações sexuais com a nora. Férias na casa de José certamente teriam sido desastrosas. Eis uma família caótica. Se você ou eu estivéssemos procurando uma casa para escolher de onde sairia o futuro salvador de uma nação inteira — e até mesmo do mundo conhecido até então — e que livraria todos da fome, é muitíssimo improvável que bateríamos à porta de Jacó e de seus doze filhos. Como poderia algo de bom sair daquela balbúrdia?

Acrescente às emoções volúveis a dinâmica do favoritismo e teremos uma mistura digna de uma poção de bruxa. Mas em Gênesis 37:3 encontramos apenas que: "No entanto, Israel [Jacó] amara a José mais do que aos seus outros filhos, pois José era um filho nascido em sua velhice, para o qual Jacó fez uma túnica de muitas cores". Esse é o versículo em que somos apresentados à famosa "túnica de muitas cores" que Jacó deu a José, desencadeando uma fúria de ciúme na família.

A razão pela qual José, o décimo primeiro filho de doze, ter se tornado o favorito ao nascer deveu-se ao fato de sua mãe,

Raquel, ter sido a esposa que Jacó realmente amara. Ele havia trabalhado sete anos por ela quando foi enganado e teve de se casar com a irmã dela, Lia. Ele então teve de trabalhar mais sete anos por Raquel, que deu à luz dois filhos, José e Benjamim. Ela morreu ao dar à luz Benjamim, por isso, quando José era adolescente, Jacó o favoreceu acima de todos os outros.

Mais ninguém recebeu um presente especial do pai, pelo que sabemos. José foi o único que recebeu essa peça de roupa multicolorida única. Era um símbolo de prestígio. Em 2Samuel 13:18 lemos sobre o manto real que as filhas do rei usavam para indicar a sua realeza. Podemos compará-lo hoje com a túnica que recebemos quando nos formamos na faculdade. Embora não seja uma comparação exata, isso lhe dá uma ideia do simbolismo da túnica. Não era apenas uma peça de roupa nova; significava algo. Transmitia uma mensagem alta e clara ao restante de toda a família de que José era o mais amado. Ele foi o escolhido de seu pai para ocupar a posição privilegiada que pertencia ao filho mais velho.

Como podem imaginar, isso irritou a família dele, para dizer o mínimo. Lemos: "quando seus irmãos viram que seu pai o amava mais do que todos os seus irmãos, eles o odiaram e não podiam mais falar pacificamente com ele" (Gênesis 37:4). Os irmãos do José o odiavam tanto que nem lhe podiam falar gentilmente. Esses irmãos entenderam que a túnica significava muito mais do que favoritismo. Significava a quem seu pai estava escolhendo dar a porção dobrada de sua bênção. A túnica indicava sucessão, herança e uma posição exaltada, e é por isso que ele foi colocado como supervisor e observador do trabalho de seus irmãos. Foi, em poucas palavras, uma tempestade perfeita para um desastre familiar.

Some-se a essa tempestade o raio e o trovão de um sonho, e o que temos é uma receita para o homicídio. Pouco depois de receber a túnica, José teve um sonho no qual viu seus irmãos curvando-se diante dele como feixes de trigo. Na tenra idade de dezessete anos, José não possuía a sabedoria de guardar esse tipo de sonho para si mesmo. E quando contou a seus irmãos o que viu, escarneceram dele e disseram: "'Acaso irás reinar sobre nós?' Os irmãos lhe perguntaram. 'Irás mesmo exercer domínio sobre nós?' Assim o odiavam ainda mais por causa de seu sonho e do que ele havia dito" (v. 8).

Eles já o odiavam apenas pela túnica colorida. Acrescente a isso o sonho e o resultado não poderia ser outro: eles "o odiavam ainda mais". Mas não apenas isso, no versículo 9 descobrimos que José teve outro sonho. Desta vez o sol, a lua e onze estrelas curvaram-se perante ele. Quando contou o sonho a seu pai, ele o repreendeu por pensar que um dia se curvariam a ele. Os sonhos de José chegaram a ofender quem mais o amava. Então você pode imaginar o que esses sonhos fizeram aos irmãos dele.

Os irmãos estavam fartos dele. Devido ao sonho dado por Deus a José, as pessoas ao redor estavam tão enciumadas com ele que não podiam sequer estar perto dele. Os sonhos de José iriam mais tarde se provar verdadeiros, mas quando ele os recebeu, as pessoas próximas a ele não estavam prontas para ouvi-los.

Às vezes isso pode acontecer conosco, não é verdade? Deus pode colocar um sonho ou uma visão em nosso coração que pode parecer muito grande para quem está ao nosso redor. Se você o compartilhar com os outros você pode se deparar com pessimistas que tentam convencê-lo a não acreditar no seu sonho. Nem todas as visões que Deus nos dá devem ser de conhecimento dos que nos rodeiam. O coração deles pode ainda não estar pronto para ver e crer em seu sonho, porque Deus ainda não desenvolveu a compreensão deles. Sabedoria é a capacidade de saber quando e o que compartilhar. O simples fato de o Senhor colocar algo em seu coração não significa que você deva contar a todos.

Antes de completar dezoito anos, José cometeu três erros cruciais. O primeiro, sobre o qual lemos no início do capítulo, foi que "[José] trouxe a seu pai um relato negativo de seus irmãos" (Gênesis 37:2). José queixou-se dos irmãos. O segundo erro foi compartilhar seus sonhos de exercer domínio sobre sua família com sua própria família. O terceiro erro diz respeito a usar a sua túnica especial, provavelmente de uma forma que não era muito humilde. Ele era um adolescente. Mais do que isso, ele era um adolescente em uma família disfuncional. Provavelmente, era um adolescente imaturo, na melhor das hipóteses. José não sabia como aceitar a benevolência corretamente ou como, para quem e quando compartilhar informações. Aparentemente, ele ainda tinha algumas coisas que precisavam ser corrigidas em seu caráter.

Vejamos o desvio número um.

O primeiro desvio

Como mencionei no último capítulo, o propósito dos desvios é desenvolvê-lo para o destino que Deus tem para você. No momento que Deus está prestes a encaminhá-lo ao próximo nível espiritual (rumo ao seu destino), as coisas podem piorar antes de melhorar. Você pode não gostar dessa afirmação, mas isso não faz com que ela seja menos verdadeira.

O desenvolvimento é muitas vezes um processo doloroso de nos quebrar em nossas próprias ambições e em nossa independência para que possamos viver uma vida de entrega e obediência diante de Deus. Deus cria desvios para realizar alguma construção nos caminhos da nossa alma. Ele tem de cortar as partes que não se encaixam onde Ele está nos levando. Ele tem que consolidar as coisas que ainda não estão prontas para o nosso destino. E dependendo de como respondemos aos nossos desvios, podemos precisar ser bloqueados várias vezes antes de chegarmos aonde devemos ir.

> *No momento que Deus está prestes a encaminhá-lo ao próximo nível espiritual (rumo ao seu destino), as coisas podem piorar antes de melhorar.*

O desenvolvimento faz sempre parte do processo do destino. Deus quer ter a certeza de que estamos prontos para o nosso destino antes que ele nos leve a ele. Não haveria nada pior do que ele nos levar ao nosso destino e estragarmos tudo por não sermos capazes emocional, espiritual ou mesmo fisicamente de lidar bem com isso. O tempo é um ingrediente-chave na receita de Deus para sua vida.

Sei que muitos de nós sonhamos com uma vida brilhante e com um futuro magnífico — amor como nos filmes, carreiras que nos satisfazem enquanto nos proporcionam os nossos maiores desejos, e famílias que correspondem às nossas maiores expectativas. No entanto, Deus diz: "Não posso colocá-lo onde precisa estar até que eu o limpe primeiro". Ele não pode nos conceder nosso destino se não permitirmos que Ele molde nosso caráter; Deus deve lidar com nossos pecados, nossas falhas, nossos medos, nossas dúvidas e com nossa imaturidade. Até que Deus tenha liberdade para produzir e promover a justiça dentro de nós, Ele não tem liberdade para nos mover rumo ao nosso destino pretendido. Temos de fazer um primeiro desvio, e um segundo e um terceiro, e assim por diante, até que tenhamos sido suficientemente desenvolvidos para lidar com o que Ele tem reservado.

Tão poucos cristãos entendem isso!

Se pudéssemos apenas entender essa verdade, ela faria com que víssemos as provações de forma diferente. Se pudéssemos ver o propósito através da dor, a suportaríamos com muito mais dignidade. Mas porque não o fazemos, muitas vezes acabamos como José — aprendendo lições de perda, cobiça e mentiras. Vez após outra, *ad aeternum*.

A primeira lição levou José a um poço. Um poço literal. Enquanto pastoreava as ovelhas com seus irmãos, estes articularam um plano para matá-lo. Eles viram o sonhador ao longe e decidiram destruir o seu sonho de uma vez por todas. Então eles o jogaram em um poço e decidiram contar uma história de que um animal selvagem o havia devorado (v. 20).

O irmão mais velho de José, Rúben, manifestou-se e persuadiu os irmãos a não matar José, mas sim, em vez disso, tirar sua túnica e vendê-lo. Eles despojaram José do que ele mais valorizava — de seu significado e de seu sinal de benevolência e nobreza. É o mesmo que acontece às vezes conosco. Você já reparou que a coisa que você mais receia perder é, muito frequentemente, aquilo que você perde? Todos temos personalidades diferentes e coisas diferentes que tememos, mas Deus sabe que, até que sejamos capazes de abrir mão do que mais damos valor, sempre colocaremos nossos desejos e nossa vontade acima da própria vontade de Deus. Foi por isso que ele pediu a Abraão para sacrificar a coisa mais preciosa para ele — seu filho — no episódio de Abraão, Isaque e o cordeiro.

Você pode ter experimentado isso no ambiente laboral. Se você investiu seu tempo, paixão e dedicação e depois se viu negligenciado em uma promoção ou até mesmo demitido prematuramente, você sabe o que é perder algo de valor. Ou talvez tenha experimentado isso no lar. Você serviu e amou sua família durante décadas e depois viu o seu cônjuge partir e deixar você e seus filhos marcados pela separação. Muitas vezes dependemos de nós mesmos até sermos despojados de nossa própria autossuficiência. Deus muitas vezes nos deixa chegar ao fundo do poço para que possamos descobrir que Ele é a rocha que encontraremos no fim.

José valorizava sua posição de favorecimento de grandeza na família. Então o Senhor permitiu que seus irmãos o destronassem, arrancando-lhe a túnica e atirando-o em um poço.

José *literalmente* foi ao fundo do poço.

Um poço é um buraco do qual não podemos sair sozinhos. É situação que não podemos resolver. É um filho desobediente ou rebelde que você não consegue controlar ou convencer a voltar para casa.

É um chefe do qual você não pode escapar.

Ou um membro da família que está levando você à depressão.

É um companheiro indiferente.

Um poço faz referência a tantas coisas, mas principalmente a uma situação na qual você se encontra preso. Isso porque quando Deus o leva a um desvio, você pode muitas vezes acabar em um bloqueio de estrada primeiro, apenas para ficar parado lá, preso.

José não cavou o buraco. Ele não criou o poço. Mas ele estava nele.

Sem água.

Nada de comida.

Sem vigor.

Sem esperança.

Talvez o sonhador até tenha pensado que os seus sonhos estavam destruídos. Ele ouviu os irmãos sussurrarem sobre se deviam ou não o matar. Ele estava à mercê deles. Ele havia perdido todo o controle.

A dor dos desvios

Às vezes Deus permite que as coisas estejam fora de controle para que aprendamos que nunca tivemos controle desde. Desvios são intervenções divinas — geralmente até mesmo decepções divinas — mediante as quais Deus intencionalmente se dirige ao nosso caráter e nos leva ao amadurecimento espiritual.

Quanto maior for o destino, mais fundo será o desvio — o poço.

Posteriormente, alguns comerciantes ismaelitas vieram pelo caminho, e os irmãos de José optaram por lucrar com ele em vez de matá-lo. Então eles mataram um animal e colocaram o sangue na roupa de José, a fim de mentir para o pai deles que seu filho havia morrido. Então eles aproveitaram a situação e venderem o irmão como escravo por uma quantia em prata. Em um momento José vivia livremente; no instante seguinte estava acorrentado a uma caravana que marchava lentamente ao longo de um deserto. Um deserto não é normalmente o lugar onde alguém procura encontrar o seu destino. Mas um deserto é muitas vezes um lugar para onde Deus levará cada um de nós a fim de nos fazer progredir.

Despido da túnica. Arrancado de sua casa. Destronado do seu sonho. José foi para o Egito, sem dúvida, com medo e definitivamente sozinho. Um cenário nada bom para um futuro príncipe e governante. Mas é assim que Deus trabalha. Ele nos ama o suficiente para nos transformar na pessoa que Ele nos criou para ser.

Não consigo imaginar a dor que Deus suporta ao testemunhar a nossa própria dor, especialmente quando não conseguimos entender o que Ele está realizando. Quando o culpamos.

Quando esbravejamos com ele. Quando o ignoramos. Torna-mo-nos amargo para com Ele. E o tempo todo Ele sabe que o que Ele está permitindo é para o nosso bem, para sua glória, e em prol dos que amamos. Mas Ele toma nossos socos e defende os nossos golpes porque Ele sabe que um dia vamos reconhecer a sua mão de bondade e instrução e vamos agradecê-lo.

Meu caro, você pode estar em um lugar ruim neste momento. Você pode estar em um poço sem água, sem comida ou sem comunhão. Você pode sentir que é o único em plena tempestade projetada para derrubá-lo. Mas quero falar com você dentro de seu poço. Quero lhe pedir que se ponha à disposição de Deus, seja qual for a forma que Ele escolher, mesmo que isso resulte em ser um escravo de comerciantes ismaelitas. Porque se você assim o fizer, um dia descobrirá a sua divina providência ao usar a dor para fortalecer o seu espírito e libertá-lo desse estado em que se encontra para conduzi-lo rumo ao lugar perfeito que está à sua espera.

Deus tem um plano para você. Tente não lutar contra os desvios que são projetados para levá-lo ao seu ponto culminante. Louve-o na dor, mesmo que seja apenas uma palavra fraca que sai de seus lábios ressequidos. Ele sabe o que está fazendo. Ele tem grandes coisas preparadas para você.

CAPÍTULO 3

O padrão dos desvios

 Não há muito tempo, deparei-me com um acidente em uma estrada que vai de nosso escritório nacional até nossa igreja local. Parecia que o acidente havia acontecido apenas minutos antes de eu chegar. Um carro estava completamente capotado no meio de uma pista, e outro havia derrapado para o lado. Uma ambulância havia chegado, e viaturas policiais, faróis acesos rodeavam a área do desastre.

Tanto o meu carro como os demais mal podiam andar. Ficamos parados e nos movíamos lentamente, na melhor das hipóteses. Rastejávamos em vez de dirigir. Quando um policial acenava com a mão à frente, parecia que ele nos dava apenas centímetros para nos movermos de cada vez. Permaneci lá parado, o que parecia levar uma eternidade, só que, no fim, consegui passar pelo acidente e por uma fila de carros.

Eu havia deixado outra pessoa no escritório mais cedo que também havia planejado viajar para outra reunião. Ele ficou um pouco preso naquele momento e disse que chegaria um pouco tarde para se encontrar comigo. No entanto, quando finalmente cheguei à igreja, ele já estava com seu carro estacionado logo à minha frente. Perguntei-lhe como chegou tão cedo. Ele não encontrou o mesmo acidente que eu?

Na verdade, sim. Mas vendo os carros parados à frente, ele fez o seu próprio desvio e, como resultado, chegou primeiro que eu à igreja.

Ele saiu mais tarde e chegou mais cedo, tudo porque escolheu um desvio.

Às vezes temos a sabedoria de escolher nossos próprios desvios, mas na maioria das vezes estamos demasiadamente envolvidos em simplesmente conseguir — avançar — que não conseguimos reconhecer como um desvio pode realmente nos levar mais longe, mais rápido. Deus conhece a sabedoria dos desvios e, por isso, usa-os frequentemente em nosso favor, forçando-nos a enveredar por um caminho que, em última análise, é mais sábio — embora, em determinado momento, possa não parecer assim.

É raro Deus nos leva diretamente de onde estamos para onde Ele quer que estejamos. Mais frequentemente do que pensamos, Ele perturba o fluxo normal e nos conduz por uma estrada de chão batido, feita de curvas, de fendas e de desafios inesperados. E, na maioria das vezes, faz isso sem o nosso consentimento.

Foi o que ocorreu a José, o adolescente de dezessete anos que viu a vida virar de pernas para o ar devido a circunstâncias adversas. No capítulo anterior, José estava em um poço. Ele estava em um buraco do qual não conseguia sair — numa situação que não conseguia solucionar enquanto enfrentava um problema que não conseguia resolver. Na verdade, nem havia água naquele poço. Além de não conseguir sair, ele também não tinha o alimento de que precisava para que pudesse sobreviver. Ele estava numa situação desesperadora, criada por uma combinação tóxica de sua família com sua imaturidade. Aqui temos um rapaz nobre prestes a ser arrancado de uma confusão provocada por nobres para ser feito escravo, por fim, de um senhor nobre.

É um desvio de proporções épicas.

A maioria dos desvios, no entanto, possui voltas e reviravoltas. Você tem de subir aqui e então descer para o mesmo lugar, depois seguir para lá, a fim de finalmente chegar à estrada principal novamente. Desvios levam você para fora do caminho. Se não o levam, não são desvios.

Uma coisa que você sempre pode esperar em um desvio é o inesperado.

Mas há algumas coisas, que chamo de *padrões*, que você quase sempre pode esperar que surjam no caminho também. Há alguns cenários previsíveis nos desvios. O primeiro é que os desvios quase sempre incluem uma prova.

Desvios e provas

Permitam-me que comece por definir o que quero dizer com provas. Uma prova, ou teste, no contexto bíblico, pode ser definida como:

Uma circunstância adversa criada ou permitida por Deus, a fim de nos revelar o caminho do progresso em preparação para o seu propósito.

A passagem de 2Crônicas 32:31 nos diz que uma razão pela qual Deus usará uma prova em nossa vida será, primeiramente, para revelar o que está em nosso coração. Lemos: "quando os embaixadores dos governantes de Babilônia foram enviados a ele para perguntar sobre o sinal milagroso que aconteceu na terra, Deus o deixou com o objetivo de prová-lo e descobrir o que estava em seu coração". As provações chamam a sua fé ao testemunho para testemunhar a condição de sua saúde espiritual.

> *As provações chamam a sua fé ao testemunho para testemunhar a condição de sua saúde espiritual.*

Deus já sabe o que está em seu coração. Mas muitas vezes, nós não. Podemos ser bem articulados, usar chavões espirituais à exaustão, e até mesmo acreditar, por vezes, em nossas próprias mentiras sobre nós mesmos. Mas a verdade é a verdade, e uma prova sempre trará a verdade à tona. Deus sabe que nosso coração é enganoso e incorrigível. (Jeremias 17:9). O nosso coração nos engana, nos tenta, ou confia exageradamente em nós mesmos ou até pensa muito bem acerca de quem somos. Em uma prova, Deus quer que vejamos o que está dentro de nós. Ele quer que saibamos de nossa capacidade, de nosso potencial e de nossas limitações. Apenas quando sabemos a verdade podemos abordá-la, aprender com ela e crescer.

Todos os anos vou ao médico para um exame físico. Uma parte da consulta inclui o que é chamado de teste de esforço. Nesse momento o médico me coloca numa esteira, depois de uma enfermeira ter ligado todos os fios e dispositivos ao meu peito e me pedir para caminhar. Enquanto caminho, ele aumentará a velocidade e a inclinação da esteira. Isso porque ele quer analisar a condição do meu coração sob várias situações estressantes.

Posso dizer ao meu médico o dia todo que me sinto bem e que o meu coração está bem, mas ele não vai acreditar em minha palavra, mesmo que acredite que estou dizendo a verdade. O médico apenas sabe se o meu coração está saudável olhando como ele responde a um teste. Enquanto sopro, transpiro, suo e reclamo naquela esteira, o doutor tem um bom vislumbre da condição do meu coração. Ele não acredita em minha palavra. Ele olha para o resultado e deixa que os dados revelem a verdade.

Você e eu podemos ler nossa Bíblia, ir à igreja, participar de conversas edificantes, e todo o tempo sentir que nosso coração espiritual está bem. Podemos acenar com as mãos no ar. Cantar louvores como se tudo fosse maravilhoso. E podemos até mesmo crer. Mas Deus conhece o verdadeiro estado de nosso coração, e Ele muitas vezes permitirá que uma prova revele um diagnóstico preciso. Não necessariamente para benefício divino, mas para o nosso. Ele quer que saibamos a verdade sobre nós mesmos — o que é bom, o que é mau e o que é terrível — porque o crescimento só pode ocorrer em um espírito de honestidade.

Deus muitas vezes vai permitir circunstâncias adversas, mesmo circunstâncias dolorosas, em nossa vida como uma prova a fim de revelar, fortalecer e desenvolver nosso coração para o destino que Ele planejou. Quando você estiver passando por uma prova, nunca confunda a mão de Deus com a mão do homem.

Com toda certeza, enquanto José caminhava acorrentado aos camelos ao longo do deserto árido sob o sol implacável, ele poderia ter culpado seus irmãos ou até mesmo Deus. E não sabemos o que ele sentia naquele momento. Não temos o registro disso. Então, talvez tenha sido assim.

Quando José amadureceu em seu desvio ao longo do tempo, no entanto, ele finalmente viu a mão de Deus guiando e dirigindo tudo. Ele não disse que os comerciantes de escravos ismaelitas o levaram para o Egito anos depois, quando ele refletiu sobre onde estava. Ele disse que Deus o levou para aquele lugar.

Porque Deus realmente o levou para aquele lugar.

Às vezes, desvios nos fazem progredir. Mas, às vezes, eles nos redirecionam para uma nova localização para a qual nem pensávamos em ir. Seria bom se Deus simplesmente falasse

O padrão dos desvios

conosco como fez com Abraão e nos dissesse para irmos para uma terra desconhecida, e que tivéssemos o coração de Abraão e assim o fizéssemos. Porém, muitas vezes, ou não ouvimos a voz de Deus, ou, se a ouvimos, não a seguimos, porque ela não faz sentido para nós. Então, Deus nos amarra atrás de alguns camelos e Ele nos leva para lá de qualquer maneira. Sim, Ele é engenhoso assim.

Se você apenas vê os camelos, se você apenas vê as cordas, se você apenas sente o sol quente ou a fome e o vazio noite após noite, e se você perde a visão do que Deus está fazendo, você perderá o propósito divino do desvio. Deus permite que as pessoas nos movam, nos moldem, e nos levem ao próximo passo no caminho que ele quer que tomemos. Então, nunca pense que pelo simples fato de você ver apenas pessoas que não é Deus que está no controle nos bastidores. Deus usará muitas vezes as pessoas — mesmo as pessoas em sua família (até mesmo pessoas complicadas em sua família) — para movê-lo ao seu destino por meio de um desvio.

José tinha muitas razões para crer que Deus o havia abandonado. Esses sentimentos não estão errados. Você não deveria se sentir culpado por questionar um poço em sua vida. Até os profetas foram suficientemente corajosos para questionar Deus. O profeta Jeremias culpou Deus duramente quando ele escreveu: "Tu me enganaste, Senhor, e eu fui enganado. Lançaste mão de mim e prevaleceste. Sou um alvo de chacota o tempo todo; todos me ridicularizam" (Jeremias 20:7). Até Cristo perguntou por que Deus o havia abandonado na cruz.

Em seus desvios, lembre-se de que Deus é Deus, mas você não é. As emoções vão oscilar, a dúvida é uma resposta natural às provações da vida, e Deus é um grande Deus; Ele pode suportar nossas palavras. Mas lembre-se também de que, enquanto você enfrenta esses sentimentos na escuridão do poço mais profundo, Deus usa testes e provações — mesmo desvios — para o nosso bem derradeiro. Peça-lhe, em tempos assim, para ajudá-lo em sua incredulidade e para lhe conceder confiança. Peça-lhe para abrir os seus olhos para ver espiritualmente, além do físico. Peça-lhe para mostrar a você o que Ele está querendo aprimorar. Como um ferro quente em uma camisa amassada, o calor produz algo bom.

José tinha algumas rugas.

Estava cheio de si.

Queixou-se dos irmãos.

Ele era imaturo.

Mas o calor do sol escaldante na longa caminhada de sua casa para o Egito, sem dúvida, iniciou um processo de suavizar seu orgulho com a graça da humildade e de transformar sua vaidade em confiança em Deus. Deus colocará o ferro quente da sua graça moldante nos enrugamentos de nossa alma quando Ele precisar. Ele faz isso porque fomos criados à sua imagem e Ele deseja que nós sejamos um bom reflexo dele. Ele permitirá que o fogo das provas traga vapor ao nosso coração.

O padrão dos desvios

Ele não está sendo mau, mesmo que você ache que Ele esteja sendo mau. Tenho a certeza de que José sentiu que Ele estava sendo mau. Deus apenas quer que os enrugamentos sejam passados a ferro, para que você fique bem quando Ele se identificar com você ou comigo publicamente por meio de seu nome.

Há uma história verdadeira que é contada de uma tartaruga-cabeçuda, cujo *hábitat* é o mar. Uma tartaruga-cabeçuda é uma tartaruga enorme, um daqueles animais colossais que podem ser vistos em um zoológico. Nessa história, a fêmea estava se preparando para dar à luz, então ela subiu para a duna, a fim de colocar seus ovos. Mas depois disso, ela ficou desorientada e não voltou para a água por alguma razão, o que teria sido a coisa natural a se fazer. Mas, em vez disso, ela começou a andar para mais longe na areia.

Vendo isso, alguns dos patrulheiros vieram e colocaram amarras na tartaruga, pois ela era grande demais para a levantarem. Amarraram-lhe as pernas e a viraram de costas. Depois, prenderam uma corrente às amarras e começaram a arrastá-la de cabeça para baixo com um veículo de tração nas quatro rodas de volta à água.

A vida da tartaruga foi manipulada, mexida, e ela esteve, sem dúvida, sob algum tipo de desconforto, apesar das melhores tentativas dos patrulheiros em serem gentis com ela. Mas para que a sua vida fosse salva e o seu destino, preservado, essa foi a única opção viável. Se os patrulheiros gritassem com ela para que se virasse, ela não teria compreendido. Não podiam atrai-la para a água com gestos convincentes. Então, fizeram o que tinham de fazer para levá-la ao lugar devido.

Sim, o Espírito de Deus fala conosco, e ele pode nos guiar com sua Palavra. Porém, mais frequentemente do que esperamos, nós, como o salmista orou, precisamos ser guiados como a tartaruga — puxados, empurrados, pressionados. Lemos: "não sejais como um cavalo ou uma mula, sem entendimento, que precisa ser controlado com cabresto e freio para que não se aproximem de vós" (Salmos 32:9).

Deus cuida extremamente de nós para permitir que continuemos no caminho errado ou na direção errada. E Ele apresentará um caminho inesperado — um desvio — em nossa jornada para darmos meia-volta. Às vezes pode significar ser virado de costas ou algemado nos pés. Às vezes, pode significar estar desorientado, mesmo dentro de nossa própria orientação. Às vezes, pode significar ser arrastado até que finalmente sintamos a familiaridade de nosso lar. Uma vez que a tartaruga sentisse a água, ela poderia ser desamarrada e não mais estar de cabeça para baixo. Assim que percebeu onde estava, foi liberta.

Para que ela chegasse ao seu destino, entretanto, ela teve de ser virada, mexida e arrastada — assim como José o foi do poço para a corrente atada aos camelos. Deus entra em nossas circunstâncias por meio de desvios, e, às vezes, isso requer empurrões, reviravoltas, ajustes e puxões. Podemos gritar em nosso coração: "O que tu estás fazendo comigo, Deus? Para onde estão me levando? Por que não consigo entender?".

O padrão dos desvios

Deus responde, frequentemente, muito silenciosamente para que ouçamos nossos próprios gritos: "Eu o estou levando exatamente onde você precisa estar. Confie em mim".

Meu caro, não sei em que buraco você está, ou em que caminho se encontra. Não sei quem fez o que para levá-lo onde está ou quanto tempo já se passou. Mas conheço uma promessa de alguém que nunca mente. Deus irá solucionar tudo para o seu bem quando você alinhar o seu coração sob o seu propósito e chamado (Romanos 8:28).

Confie nele.

Ele tem um destino preparado para você.

E quando você chegar lá, saberá que está em casa.

CAPÍTULO 4

A purificação gerada pelos desvios

Deus estabeleceu padrões que aparecem na vida das pessoas quando se trata de desvios. Esses padrões muitas vezes existem porque um objetivo está sendo buscado. Os desvios constituem frequentemente o solo fértil para o aprimoramento. Não haveria nada pior do que chegar ao nosso destino despreparado e levá-lo a cabo. É como se as pessoas que ganham na loteria e depois perdem os seus milhões em poucos anos porque não estavam preparadas para as responsabilidades que vêm com tanto dinheiro.

Outro aspecto que gostaria que analisássemos em relação aos padrões de desvios é a *formação*. A Escritura nos diz que devemos aprender a ser provados, e essencialmente testes, provações e desvios são ocasiões em que somos treinados. Como um atleta na academia se preparando para a atividade, esse é o lugar onde a força muscular e os reflexos são aprimorados. Caso contrário, o atleta não consegue alcançar o nível necessário para ganhar.

Sobretudo, há uma frase que vem à tona muitas vezes em relação à vida de José. Essa frase é: "E o Senhor estava com José".

Vemos essas palavras vez após outra. Estivesse José no poço, na prisão ou no palácio, o Senhor estava com ele. Não apenas isso, mas também vemos a mão de Deus em favor dele, fazendo com que tudo o que ele tocasse prosperasse e com que as pessoas colocassem as coisas sob sua autoridade.

Uma coisa devemos aprender sobre o fato de Deus estar com José: *José também estava com Deus*. Em outras palavras, José não permitiu que as circunstâncias comprometessem seu relacionamento espiritual. Sim, é fácil ficar bravo com Deus quando você enfrenta um julgamento ou problemas em sua vida. Mas esses são os momentos em que você deve correr atrás de Deus como você nunca fez antes. Esses são os momentos em que você deve se aproximar dele.

Quando você enche uma esponja com água e a pressiona, o líquido escorrerá porque a esponja está cheia dele. Quando você está passando por uma prova e sente a pressão da vida o cercando, o quanto Deus se faz presente?

Ou o que se manifesta são xingamentos, teimosias, reclamações e acusações? Por que essas coisas se manifestam? Porque é disso que você está cheio.

Uma esponja apenas deixa sair o que está nela. Deus foi capaz de dar graça a José porque estava *em* José durante as suas provações.

É importante que você saiba isso, porque Deus fará o mesmo com você e para o seu bem se você se abnegar. Mas tão poucas pessoas o fazem. A maioria das pessoas se enche de entretenimento, álcool, fofocas, distrações, amarguras, e coisas dessa natureza quando a vida não é justa. Mas para que o seu desvio o leve ao seu destino, você deve se aproximar de Deus. Deus estará perto de você e *em* você.

José tinha cultivado um relacionamento espiritual ao longo do caminho em seus desvios, e Deus se tornou sua prioridade. A chave para fazer isso durante o seu período de provações não se encontra em seus contatos, notoriedade, nome ou conta bancária. A chave encontra-se em nossa intimidade com o Senhor. O Senhor estava com José — e fez prosperar tudo o que fazia, onde quer que estivesse. Deve haver um relacionamento espiritual que o impulsione, particularmente quando a vida tergiversou.

Um dos propósitos de um desvio é desenvolver a capacidade, as habilidades e o caráter necessários para cumprir o seu destino. Enquanto José era um escravo na casa de Potifar, o Senhor o fez prosperar de modo que ele se tornou o segundo no comando na casa de seu senhor. Mal sabia ele que um dia se tornaria o segundo no comando de toda a nação do Egito. Mas Deus estava preparando José com as habilidades necessárias para obedecer e liderar simultaneamente. José ainda não tinha os detalhes de seu destino, mas sua obediência como escravo lhe deu a oportunidade de desenvolver habilidades que ele usaria mais tarde como governante.

José adquiriu experiência em liderança, gestão, resolução de problemas e muito mais. Um dos problemas que temos hoje em nossa cultura é que as pessoas querem o que querem agora. Mas se você não consegue lidar com o ponto onde se encontra agora, como vai lidar com mais responsabilidade posteriormente? A Escritura nos pergunta em Jeremias 12:5: "Se correste com corredores e te cansaste, como poderás competir com cavalos? Se tropeças em uma terra de paz, o que farás nos bosques do Jordão?".

Sempre me alegro com jovens pastores que me perguntam como eles podem chegar onde estou agora no ministério. Às vezes, eles acabaram de se formar em um seminário ou faculdade bíblica, e agendam uma reunião comigo para ver se posso lhes dar conselhos para que também possam ter uma megaigreja do tamanho ou do impacto da nossa. Geralmente, inclino-me para trás na minha cadeira, sorrio, e depois digo algo semelhante a: "Vá pregar em uma prisão".

Sem exceção, noto no rosto deles um olhar de: "Você está brincando comigo, certo?". Mas é a verdade. É o melhor conselho que posso dar a eles. Não comecei com uma igreja de dez mil membros ou tendo minhas mensagens transmitidas em duzentos países e por todo os Estados Unidos. Comecei em cima da caçamba de uma caminhonete, sem microfone, e gritando o mais alto que podia para quem estava por perto. Comecei na esquina onde os ônibus vinham buscar passageiros, pregando o evangelho de Jesus Cristo (o único sermão que eu conhecia na época).

> *A formação para coisas maiores sempre acontece por meio de coisas menores.*

Comecei nas capelas da prisão. Preguei em salas domésticas. Geri uma equipe que, majoritariamente, era composta de membros da mesma família e uma congregação nos mesmos moldes quando comecei.

A formação para coisas maiores sempre acontece por meio de coisas menores. Seja fiel, responsável e contente onde você está e com o que tem agora. Esse é um dos maiores segredos para Deus levá-lo mais longe e lhe dar mais.

Deus não lhe dará o seu destino até que você esteja pronto para lidar bem com ele. Como você pode dar conta de seu destino se ainda não está dando conta do destino que Ele tem para você agora? Você tem de ter experiência suficiente primeiro com o "isso" onde você se encontra agora antes que Ele lhe dê o "aquilo" que você está esperando.

Como pastor, estou a par de muitas queixas. Uma queixa que ouço frequentemente é o quão difícil é para um cristão trabalhar harmoniosamente em um ambiente não cristão (secular). Talvez o chefe não seja cristão, ou a atmosfera não seja cristã, mas como vemos pela vida de José, Deus estava com ele onde quer que estivesse. José trabalhou em um ambiente não cristão. Potifar era um pagão; ele não era um crente. José trabalhou em um empreendimento não cristão. Mas Deus abençoou a casa do egípcio por causa de José.

Como um crente, você deve ser o melhor colaborador, o mais pontual, o mais produtivo, porque o Senhor está com você. Seu relacionamento com Deus deve trazer graça àqueles ao seu redor devido à *sua* integridade, honestidade, moralidade — não a deles. Você deve se destacar como José se destacou — onde quer que você esteja. Deixe que aqueles ao seu redor vejam Jesus em você, não apenas o ouça falar sobre sua moral e suas crenças.

O melhor testemunho vem muitas vezes do comportamento, não das palavras. Em Gênesis 39:3-4, lemos: "Quando seu senhor viu que o Senhor estava com ele e que o Senhor havia feito prosperar tudo o que ele fazia, José foi favorecido por seu senhor e se tornou seu assistente pessoal. Potifar também o colocou no comando de sua casa, assim como tudo o que ele possuía estava sob sua autoridade".

A Bíblia não diz que o senhor ouviu José falando sobre seu Deus o dia inteiro enquanto não fazia nada. José não fez um trabalho desleixado, queixando-se de que não concordava com os valores estabelecidos pela empresa. Não, o senhor viu que Deus estava com José e que o fez prosperar em tudo o que fez.

A purificação gerada pelos desvios

Nos negócios, essa é a regra. Eleve essa regra e terá a atenção dos responsáveis. É difícil discutir com a regra. É difícil não ser promovido quando é evidente que Deus está com você, prosperando tudo o que faz. Isso também significa que José não estava em silêncio sobre a sua fé. Ele havia deixado claro para Potifar que suas atitudes, ações e ética de trabalho estavam diretamente ligadas a seu relacionamento com Deus.

Quando eu era adolescente, fui trabalhar como lavador de pratos em um serviço de *buffet*. O meu trabalho era lavar pratos. Não era tão difícil assim. Devia lavar os pratos sujos que vinham para a cozinha e lavá-los à mão. O dono do serviço de *buffet* era um judeu de espírito empresarial que assobiava e chupava cana ao mesmo tempo. De vez em quando, ele vinha à área onde eu trabalhava para verificar as coisas. Eu sempre o cumprimentava calorosamente e perguntava se havia alguma coisa que ele queria que eu fizesse, visto que eu desempenhava muito bem o meu trabalho e acabava sempre mais cedo.

Com o tempo, ele tomou conhecimento do meu trabalho e, por fim, pediu-me para que eu fosse seu motorista pessoal, bem como o motorista de seus filhos para todas as suas atividades de fim de semana. Ele me promoveu.

Ao longo dos anos seguintes cuidando bem dos filhos dele, nós desenvolvemos uma boa relação. Ele viu potencial em mim e me puxou de lado um dia e se dispôs a pagar meus custos para ir à faculdade pelo primeiro ano. Ele queria investir em meu aprimoramento pessoal e pensou que aquela seria a melhor maneira de fazer isso.

Não partilhávamos da mesma religião. Fui para uma faculdade cristã. Mas Deus usou aquele homem para me promover em minha vida a uma posição em que mais tarde eu seria usado por Ele para ministrar a tantas pessoas, de tantas maneiras.

Meu amigo, sempre — sempre — seja fiel onde você está. Seja diligente, mesmo que esteja apenas lavando pratos ou dirigindo um carro cheio de crianças para levá-las a um evento desportivo. Você nunca sabe o que Deus vai usar na mente e no coração de uma outra pessoa para impulsioná-lo ao seu destino.

O trabalho de José na casa de Potifar não era o seu destino final. Foi um trampolim para o seu destino final. Era a sua preparação para a promoção. Mas desde que ele se aproximou dessa situação como se fosse seu destino — ele trabalhou duro, recebeu graça e fez uma boa administração — o Senhor a usou para seu propósito. Com muita frequência corremos tanto atrás de nosso destino que nos esquecemos de aproveitar o lugar em que estamos agora.

Deus não vive no tempo ou no espaço. Para Deus, hoje está no mesmo fuso horário que há dez anos. Também está no mesmo fuso horário de dez anos à frente. Para Deus, o nosso destino se desenrola simultaneamente onde quer que estejamos. Quer estejamos em uma fase de preparação de destino, em uma fase de conexão e de desencadeamento do destino, ou simplesmente em uma fase de espera do destino — o propósito de Deus para nossa vida é sempre um propósito atual. É um destino para *agora mesmo*.

No entanto, muitos crentes perdem contentamento e gratidão devido ao lugar onde se encontram *agora mesmo* porque estão sempre esperando por algo maior. Eles estão sempre olhando para a frente para alcançar o seu destino. Ao invés de perceber, como um filho de Deus, que seu destino está em você agora, simplesmente se desvendando para alcançar sua completa manifestação algum dia. Honre cada momento, cada trabalho, cada pessoa com o entendimento de que o destino vive em você agora, talvez na forma de semente — mas cada passo, cada dia, cada momento, cada lição, e cada interação desempenham um papel no roteiro de sua vida.

Quando está dirigindo, você não chega simplesmente ao seu destino. Se você olhar desdenhosamente a estrada em que dirige — pensando apenas no destino — pode ser que nunca chegue lá. Se você se recusar a dirigir em uma via de mão dupla, você nunca vai chegar ao seu local final. O destino é um conjunto mental que nos permite abraçar e aproveitar o potencial de onde estamos agora, ao passo que esperamos ansiosamente por um desenrolar mais amplo de nosso propósito, influência e impacto no futuro.

Quando você aprende a se concentrar em seu relacionamento com Deus em qualquer situação em que está, você coloca menos pressão para que a situação — seja um trabalho, seja um relacionamento, seja um *hobby* etc. — esteja toda sobre você. José era apenas um escravo em uma casa, mas Deus estava com ele e lhe deu sua graça. Tenha cuidado para não reclamar de onde você está, porque quando você honra a Deus e seu relacionamento com Ele, Deus tem uma maneira de lhe estender graça em situações que você jamais imaginou.

Deus se preocupa mais com o desenvolvimento do sonhador do que com o próprio sonho. Ele preocupa-se mais com o seu crescimento pessoal do que com o seu destino final. Porque se você não for aprimorado ou amadurecido, você acabará por arruinar o sonho e o destino final quando chegar lá. A maioria de nós tem sonhos. Mas Deus quer ter a certeza de que você tem a força em seus ombros para suportar o peso desse sonho quando chegar lá. Ele não quer que você fique soterrado sob uma montanha de propósitos. Desvios são projetados para desenvolver isso. Eles são projetados para fortalecer o vigor do contentamento, da gratidão, da fé, do amor, da humildade e da obediência.

Tentação

Outro padrão em desvios que as pessoas muitas vezes encontram é o padrão da tentação. José enfrentou uma prova. Ele enfrentou a formação. Mas ele também enfrentou a tentação — *um atrativo para fazer o mal e desobedecer a Deus.*

A purificação gerada pelos desvios

Tenha em mente que a tentação, em si, não é pecado. Ser tentado não é o mesmo que pecar. Pecar é *ceder à tentação*. Satanás usa a tentação para nos afastar da vontade de Deus. Ele oferece como entrada prazer, adormecimento da dor, ou distração para que ele possa voltar mais tarde exigindo o pagamento total com juros.

O Senhor enviou José à casa de Potifar como um desvio. Ele sabia que a esposa de Potifar também estaria lá. A passagem nos diz que José era um homem atraente em aparência e estrutura. Ele era bonito em forma e aparência. Ele tinha uma barriga tanquinho. Ele era uma fera, um colírio para os olhos das mulheres. Depois de tantos olhares, a esposa de Potifar decidiu que queria mais do que apenas algo para ver. Então ela se insinuou para José, convidando-o a ter intimidade com ela.

Mas José recusou-se a ter relações com ela por honra e respeito ao seu senhor, Potifar. Ele também se recusou por honra e obediência a Deus. Lemos: "Ninguém nesta casa é maior do que eu. Ele não me privou de nada, exceto de ti, pois és a mulher dele. Então, como poderia fazer um mal tão grande e pecar contra Deus?" (Gênesis 39:9). José via o pecado como uma questão relacional. Ele percebeu que tinha um senhor na terra, bem como um no céu, o que o levou a fugir para não pecar, mesmo que isso significasse deixar objetos de valor para trás.

A esposa de Potifar não aceitou um não como resposta. A Escritura nos diz que dia após outro ela continuava a flertar, a fazer a sua proposta, a pressioná-lo a ceder ao que ela queria. Por fim, sua rejeição a deixou incomodada, irritada e humilhada ao ponto de ela acusá-lo exatamente da coisa que ele não fizera. Ela o acusou de tentar possuí-la à força. Dizem que nem no inferno há tamanha fúria como a de uma mulher desprezada.

José não havia cedido por causa de seu amor por Deus. Ele valorizava sua relação com Deus mais do que o prazer momentâneo. Não foi fácil, tenho certeza. Mas foi a decisão certa. José demonstrou que era de confiança sob pressão. Uma decisão acertada que, posteriormente, o colocou em outro poço — desta vez uma prisão. Alguma vez você tomou a decisão certa, e depois sentiu que estava sendo punido por ter feito isso? Mal sabia José que precisava estar na prisão para um dia estar de pé diante do faraó em um momento de necessidade. Deve ter parecido confuso e contraditório obedecer a Deus e depois vê-lo aparentemente o punindo, atirando-o em uma prisão. Mas é isso que os desvios fazem — às vezes nos confundem. Às vezes nos fazem questionar e duvidar. Às vezes parecem irracionais e ilógicos.

Isso porque não conseguimos ver para onde o desvio nos leva. Podemos apenas ver o poço e os problemas.

Desvios envolvem experiências negativas que Deus cria ou permite. Nunca confunda a mão de Deus com a mão do homem ou com a mão de Satanás. Enquanto Satanás usa tentações para nos desviar do nosso destino, Deus usa essas mesmas tentações para nos desviar para o nosso destino. A nossa responsabilidade não é ceder. José poderia facilmente acreditar que a esposa de

Potifar o colocara na prisão. Mas Deus simplesmente a usou para colocá-lo no lugar que Ele precisava que José estivesse. É por isso que o perdão é tão crucial para se alcançar a plena manifestação do seu destino. Porque se você abrigar amargura para com aqueles que Deus usou com a intenção de impulsioná-lo mais adiante na vida — através de realidades negativas —, você não está vendo totalmente. Você não está vendo como Deus os usou para conduzi-lo a um lugar para o qual você provavelmente nunca teria ido por conta própria.

Posso lhe garantir que José nunca teria decidido pedir transferência para a prisão. Ele nunca teria ido ao encontro de Potifar, agradecendo-lhe pelo trabalho e pedido para ser transferido para uma prisão.

Mas é aí que Deus precisava que ele estivesse a postos para seu maior destino e propósito do reino.

Muitas vezes, realidades negativas em nossa vida nos empurram para situações e lugares para os quais nunca teríamos ido se não tivéssemos sido empurrados. Por isso, tenha cuidado se você abriga rancor para com aqueles que o magoaram. Considere como Deus pode estar usando essas pessoas para desenvolvê-lo, movê-lo, e posicioná-lo para um encorajamento ainda maior. Deus o ama o suficiente para o aprimorar rumo ao destino a que Ele o está conduzindo. Diga "não" ao que parte o coração de Deus — a tentação. Mas perceba que você dizer "não" não pode imediatamente lhe trazer recompensa. Terá de ser paciente para que isso aconteça.

Liberte-se de qualquer rancor que tenha por alguém que o ofendeu, o acusou ou o levou a um lugar que você não queria ir. E que Deus mostre a você por que isso aconteceu e o que ele está fazendo por intermédio disso. Quando você o fizer, descobrirá a graça purificadora da aceitação e o poder da paz em viver o seu destino, tanto agora como no futuro.

CAPÍTULO 5

As provas dos desvios

Parte do meu papel como pastor diz respeito à orientação e ao aconselhamento. Com uma igreja bastante grande, você pode imaginar o número de ligações que recebo. Estou grato por ter a oportunidade de guiar os membros através de várias situações na vida. Posso dizer honestamente que gosto imensamente desse aspecto de ser pastor.

Não muito tempo atrás, um dos homens da igreja veio à minha casa para se encontrar comigo. Ele estava passando um mau bocado. Enquanto ele estava sentado em minha sala de estar, com a cabeça abaixada, ele levantou seus olhos em direção aos meus e disse: "Pastor, sinto como se meu desvio tivesse encontrado outro desvio, e eles tivessem se casado e tido um bebê". Em outras palavras, ele sentia como se estivesse correndo em desvio após desvio e que eles simplesmente continuavam se replicando e se multiplicando em vez de levá-lo para algum lugar significativo.

É fácil se sentir assim quando Deus o está levando ao seu destino. Como mencionei anteriormente, Deus raramente o move de onde você está para onde ele quer que você esteja sem o levar em uma viagem primeiro. Ele não vai de A a B e depois a C, mas sim de A a Z, de Z a T, de T a R, de R a F, de F a D, zigue-zagueando com você até o seu destino. Antes de chegar aonde Deus quer que você esteja, Ele tem de operar algumas reviravoltas. Isso porque na vida, como muitas vezes acontece na estrada, há desvios devido à construção que está acontecendo. Quando você está em uma estrada e há um desvio, geralmente é porque os trabalhadores estão tentando consertar, construir, corrigir ou melhorar algo.

Da mesma forma, Deus nos levará a um desvio porque Ele está construindo algo em nossa vida também. Admito que desvios são tudo, menos convenientes. Eles tiram você do caminho. Eles são mais longos do que a rota pela qual você havia planejado viajar originalmente. Mas são necessários. Deus está mais interessado em seu aprimoramento do que em sua chegada. Ele se preocupa mais com o seu caráter do que com o seu conforto, mais com a sua santidade do que com a sua produtividade.

Neste capítulo e no próximo, quero que olhemos para formas que você pode usar para ajudar a você mesmo a determinar

As provas dos desvios

e a confirmar que realmente está em um desvio, em vez de simplesmente estar experimentando um momento de má sorte.

Como você pode saber que esse é um desvio ordenado por Deus, e não simplesmente que as coisas não estão funcionando para você agora?

Como você pode discernir que não está sob as circunstâncias da vida normal e sob suas consequências, mas sim em uma situação criada pelo próprio Deus?

Há várias maneiras de saber isso. Quero começar pela razão do sofrimento que você pode estar sentindo. Se você está sofrendo por fazer o bem ao invés de fazer o mal — também chamamos isso de ser perseguido pela justiça —, você pode saber que está no plano de Deus dentro de um desvio.

Depois que José trabalhou na casa de Potifar por algum tempo, ele ganhou a sua confiança, tanto que administrava praticamente tudo na casa. No entanto, apesar de realizar um trabalho tão grande e de ter a confiança de Potifar, ele acabou na prisão.

A esposa de Potifar havia notado que José era atraente, então ela se insinuou — dia após dia (Gênesis 39:6-10). No entanto, José foi sábio o suficiente para rejeitar a investida. Ele era suficientemente sábio do ponto de vista de Deus.

Do ponto de vista do homem, a decisão de recusar o convite da esposa de seu senhor o colocou numa situação complicada e, em última análise, em outro poço, quando ela, em sua dor por ter sido rejeitada, acusou-o de tentar violá-la. Lemos: "Quando seu senhor ouviu a história que sua esposa lhe contou — 'essas são as coisas que seu escravo fez comigo' — ele ficou furioso e o mandou para a prisão, onde os prisioneiros do rei estavam confinados. Assim, José estava lá na prisão" (Gênesis 39:19-20).

Quando você se encontra, como José, lutando ou sofrendo por uma decisão que tomou em obediência a Deus, *sua luta está exatamente onde Deus quer que você esteja.*

Se olharmos mais de perto para o relato bíblico de José e da esposa de Potifar, ele nos diz claramente que José a recusou por obediência ao Senhor.

> "Veja", ele disse à esposa de seu senhor, "comigo aqui, o meu senhor não se preocupa com nada acerca de sua casa, e ele colocou tudo o que possui sob minha autoridade. Ninguém nesta casa é maior do que eu. Ele não me privou de nada, exceto de ti, pois és a mulher dele. Então, como poderia fazer um mal tão grande e pecar contra Deus?" (Gênesis 39:8-9).

José reconheceu as bênçãos em sua vida e sentiu gratidão pelo quão longe Deus o havia levado — de um poço deixado para morrer, para uma posição de grande autoridade e responsabilidade. Sabendo que sua fonte era o próprio Deus, José tomou sua decisão embasado somente em Deus. "Como poderia fazer um mal tão grande e pecar contra Deus?" Ele disse a ela. Nunca nos dizem isso, mas pode ser que a mulher de Potifar fosse uma tentação para ele. Poderia ser que ela fosse atraente — os servos estavam longe, Potifar, tampouco, estava ali — e José pode ter sentido algo por ela. Não sabemos.

O que eu sei é que um sacrifício não é um sacrifício a não ser que nos custe alguma coisa. E uma tentação não é uma tentação a não ser que seja tentadora. José recusou a oferta por sua convicção diante de Deus, não necessariamente por falta de interesse. Isso é importante para se ter em mente enquanto você passa pela vida e toma decisões. Como Deus fez provando Abraão, pedindo-lhe que oferecesse o filho do seu coração como sacrifício (Gênesis 22), Ele muitas vezes nos pedirá que sacrifiquemos, ou superemos uma tentação, por meio de nosso amor e obediência a Ele, o que, em alguma medida, nos é custoso. Custou a José a perda de suas roupas, seu trabalho e sua liberdade.

Às vezes, a obediência resultará em perseguição e dor. Mas outras vezes, Deus vai um passo além — como fez com José — e um desvio entra em cena. José acabou na prisão porque escolheu o seu amor por Deus em vez de seus próprios prazeres. Ele experimentou o que lemos em 2Timóteo 3:12: "Todos aqueles que querem viver uma vida piedosa em Cristo Jesus serão perseguidos". Pedro diz que devemos sofrer pela justiça, não pela injustiça (1Pedro 2:20).

Se você é um crente sério e está tomando decisões baseado no que Deus quer em vez de tomar decisões baseado no que você ou mesmo os seus amigos ou a sociedade em geral querem, a Bíblia diz que você pode apostar seu último tostão de que haverá perseguição. Haverá sofrimento. Haverá sacrifício. Podem vir em diferentes estruturas, tamanhos e formas, mas virão. As repercussões negativas seguem aqueles que vivem pela fé.

De fato, se você nunca experimentar repercussões negativas em sua vida por causa de decisões piedosas, então isso pode ser um indício de que você não está vivendo solidamente como um cristão. A Bíblia diz claramente que aqueles que fazem suas escolhas com base em sua fé (aqueles que desejam viver com Deus) serão perseguidos. Nem todos serão seus amigos se você está levando Jesus a sério. Isso porque você terá de fazer escolhas que vão na direção contrária. Quando você marcha para outro lugar, você sai do compasso e cadência da ordem deste mundo.

Recebi uma ligação há pouco tempo de uma mulher de coração partido com quem eu estava fazendo aconselhamento. Em meio a lágrimas, ela me disse que o namorado tinha acabado com ela porque ela não queria relações sexuais com ele. Ela tinha pensado que ele era o amor de sua vida e tinha acreditado que eles ficariam juntos para sempre, mas quando ela não cedeu aos seus avanços, ele foi para outro lugar.

Recebi ligações de outras pessoas que foram literalmente despedidas de empregos porque se recusaram a fazer um acordo ou a seguir um procedimento que não era moralmente correto. Elas tomaram uma decisão pela justiça, e havia um preço que tinha de ser pago.

Então deixe-me dizer isso a você adiantadamente — eu adoraria que você visitasse minha igreja, ou me ouvisse na rádio, ou tivesse em mãos um livro que escrevi, e que se enchesse das coisas que compartilho sobre como obter bênçãos em sua vida. Adoraria poder dizer que nada vai dar errado pra você, especialmente se você seguir Deus de todo o coração. Mas estaria mentindo. Estaria disseminando uma farsa. Estaria contando um conto, porque as Escrituras dizem exatamente o contrário. O conceito "o que pedires, lhe darei", que encontramos na Palavra de Deus, parece muito diferente daquele dito dos púlpitos por toda a Terra. Se você pedir uma vida piedosa em Cristo Jesus, você pode ter certeza de que perseguições lhe serão dadas. É o que a Bíblia diz. E é com isso que você pode contar.

A prova mais crucial que algum dia você enfrentará será a prova de sofrimento quando não tiver feito nada de mal.

Daniel foi atirado à cova dos leões porque não cedeu em sua missão.

Paulo foi preso.

José foi deixado em um poço.

Estevão foi apedrejado.

Mesaque, Sadraque e Abede-Nego foram atirados em uma fornalha ardente por se recusarem a se curvar a um ídolo. Sofreram os efeitos de sua decisão de não comprometer a sua fé. É lamentável hoje como poucos cristãos estão dispostos a sofrer consequências por seu compromisso. Muitos crentes hoje comportam-se como cristãos culturais ou

Desvios

cristãos por conveniência; não são muitos os cristãos seriamente comprometidos.

A prova mais crucial que algum dia você enfrentará será a prova de sofrimento quando não tiver feito nada de mal. Quando você fizer exatamente o que Deus lhe disse para fazer e tiver de pagar um preço por isso, você estará sofrendo por causa da justiça. Você estará em um desvio predeterminado que vai testar e fortalecer tanto o seu caráter como a sua determinação caso se abnegue.

José acaba na prisão devido à sua escolha de honrar a Deus. Ele sofre por sua fé enquanto está exatamente no centro da vontade de Deus. Ele não estava em um lugar agradável. Ele estava em uma masmorra. O rei tinha a sua própria prisão particular para pessoas como José. Lemos no livro de Salmos que José foi posto à prova pelo Senhor. Estava acorrentado. Diz-nos: "Ele fez descer a fome sobre a terra e destruiu todo o suprimento de alimentos. Ele enviou um homem à frente deles — José, que havia sido vendido como escravo. Eles machucaram seus pés com algemas; seu pescoço foi colocado em uma gargantilha de ferro. Até que a sua profecia se tornou realidade, a palavra do Senhor o provou" (Salmos 105:16-19).

José não estava apenas em um lugar escuro, mas também estava em um abismo profundo e escuro com mobilidade limitada. Ele estava algemado e preso, incapaz de se mover. Preso — no centro da vontade de Deus.

As provas dos desvios

Muitas pessoas pensam que quando as coisas correm mal estão fora da vontade de Deus. Mas se você fizesse um estudo cuidadoso da Bíblia, veria que as coisas muitas vezes têm um desdobramento ruim dentro da vontade de Deus. São nesses desvios que o Senhor faz conosco o que fez com José. Ele nos prova como Ele "o provou". É fácil louvar a Deus e o nosso comprometimento quando as coisas estão indo bem. Mas quando você está amarrado, algemado, privado de luz solar — removido de toda esperança —, isso revela a verdadeira constituição de seu coração. Você joga a toalha e desiste? Ou você insiste na obediência ao Senhor, mesmo que não consiga entender o significado do desvio em que você está?

Você lembra na escola quando o professor dava nota levando em conta o resultado geral da turma? No início, quando essa decisão era anunciada, gerava esperança em todos. Fazia-nos acreditar que tínhamos uma hipótese de ter uma boa nota, porque se o assunto fosse difícil, o nosso mau desempenho poderia ser bom o suficiente. Mas então, se a sua turma fosse como a minha, haveria sempre uma pessoa, ou duas, que de alguma forma conseguiriam gabaritar o teste, mesmo que o restante de nós tivesse notas razoáveis. Essa pessoa levantaria o sarrafo a uma pontuação incrível e faria com que a curva não significasse muita coisa para os demais. De onde eu venho, chamávamos isso de "quebrar o padrão".

Quando você é escolhido por Deus para representá-lo na cultura, ele quer que você quebre a padrão. Ele quer que você estabeleça o padrão tão alto que você realmente o evidencie em sua vida. Quando você escolhe a justiça, e sofre por causa dela, o Senhor muitas vezes permitirá provações contínuas, porque ele sabe que elas irão prová-lo ainda mais. Elas vão produzir em você as qualidades e o caráter que o farão mais parecido com Jesus Cristo. José tinha um destino glorioso pela frente. Ele possuía um destino que salvaria as pessoas — salvaria as nações — da fome literal. Mas José não ia chegar ao seu destino até que o seu caráter fosse moldado e modelado de uma forma que pudesse lidar bem com isso.

Quanto maior o chamado, mais profundo o poço.

Quanto mais alto o destino, mais agonizantes as algemas.

Quanto mais glorioso o futuro, mais atormentado o presente.

Aprenda a ver o sofrimento (quando sofremos para o bem) através da lente do Senhor. Ele tem um propósito para a dor se você descobrir como suportar — como José —, mesmo quando a vida não parece justa.

CAPÍTULO 6

A presença dos desvios

 No último capítulo, olhamos para uma maneira de descobrir se você está em um desvio inspirado por Deus ou apenas passando pelas consequências de más escolhas. Vimos como o sofrimento, por fazer o que é certo, é muitas vezes uma maneira de Deus nos provar. José acabou na prisão porque se recusou a desonrar a Deus ao aceitar as investidas da esposa de Potifar.

Outra maneira que você pode discernir que está em um desvio projetado por Deus é que, no meio de seu sofrimento por fazer o bem, Deus lhe mostra sua presença. Ele lhe mostra o seu favor. Deus se une a você no poço.

Deus não afastou Daniel da cova dos leões; Ele o encontrou nela.

Ele não livrou Sadraque, Mesaque, e Abednego da fornalha ardente; Ele juntou-se a eles.

Ele não impediu José de ser um escravo de Potifar; Ele lhe concedeu o seu favor — ao ponto de José acabar tendo autoridade sobre a casa de Potifar e sobre todas as suas posses. Mais tarde, quando José foi atirado para outro desvio, para a prisão, Deus também foi para a prisão com ele. Gênesis 39:21 nos diz: "O Senhor estava com José e foi gracioso com ele, concedendo-lhe benevolência aos olhos do carcereiro".

A segunda prova para saber que você está onde Deus quer que você esteja em seu desvio é que Deus não o livra dele, mas sim se junta a você em meio ao desvio. Sei que você pode estar orando, como José pode haver dito: "Senhor, tira-me desta prisão. Tira-me deste desvio!". Mas pode não ser o momento certo para tirá-lo desse lugar. Portanto, se Deus não quer livrá-lo do lugar em que você está, procura-o nele.

Você vê a mão de Deus agindo em seu favor? Você o vê dando-lhe graça aos olhos dos outros à sua volta? Pode experimentar a presença dele com você? Você está disposto a procurá-lo?

Procure-o para que Ele lhe dê luz em meio às trevas.

Recentemente, passei algum tempo com um grande grupo de solteiros quando eles vieram ao campus da nossa igreja para uma noite de comunhão. Compartilhei com eles o segredo de José em ser um solteiro de sucesso nos anos que ele o foi. Esse segredo está registrado para nós no livro de Atos. Lemos: "Os patriarcas ficaram com ciúmes de José e o venderam ao Egito,

A presença dos desvios

mas Deus estava com ele" (Atos 7:9). O sucesso de José devia-se ao fato de Deus estar com ele. Deus estava com ele no poço, na casa de Potifar, e até na prisão.

A chave para a vitória em qualquer situação que você esteja enfrentando não se deve, primeiro, a onde você está ou a pelo que esteja passando, mas sim a quem está com você enquanto você está lá. Na prisão, "o Senhor estava com José e foi gracioso com ele". Vemos como a presença e a bondade de Deus aparecem nos versículos seguintes: "O carcereiro colocou todos os prisioneiros que estavam na prisão sob a autoridade de José, e ele foi responsável por tudo o que era feito ali. O carcereiro não se preocupou com nada sob a autoridade de José, porque o Senhor estava com ele, e o Senhor fez tudo prosperar pelas mãos dele" (Gênesis 39:22-23).

José recebeu uma promoção dentro da prisão. Deus não mudou a situação — José ainda estava na prisão. Mas no desvio Deus o promoveu.

A forma como Deus aparece nem sempre é nos libertando de algo — às vezes é nos libertando por meio de algo. Se Deus está lhe concedendo favor em meio a uma prova, teste, ou desvio, isso pode ser um indício de que Ele não quer livrá-lo desse desvio ainda. Você pode estar se perguntando como saber se realmente isso diz respeito a Deus e não apenas a circunstâncias. Vamos olhar para um padrão que Deus muitas vezes usa. Se você se lembrar de quando José era escravo na casa de Potifar, saberá que ele o promoveu para que fosse chefe sobre tudo. Lemos: "O

Senhor estava com José, e ele se tornou um homem exitoso, servindo na casa de seu senhor egípcio. Quando seu senhor viu que o Senhor estava com ele e que fez tudo prosperar pelas mãos dele, a José lhe foi concedido graça aos olhos de seu senhor, tornando-se seu assistente pessoal. Potifar também o colocou no comando de sua casa, assim como tudo o que ele possuía estava sob sua autoridade".

Mais tarde, quando José foi preso, aconteceu a mesma coisa. Ele chamou a atenção do carcereiro e, novamente, foi colocado no comando. Deus se manifestou não uma vez, mas duas vezes de forma semelhante. A Escritura muitas vezes diz que por meio de "duas ou três testemunhas" um assunto será confirmado.

Quando o Senhor se manifesta duas vezes em sua vida de forma semelhante, preste atenção! Ele está falando. Não é azar. Não é, tampouco, sorte. Não é acaso. É Deus confirmando que Ele está fazendo isso de propósito porque está lhe dando um testemunho duplo.

Quando Gideão precisava de provas de que realmente era Deus que lhe falava, pôs a pele de um animal do lado de fora e pediu a Deus que deixasse um lado seco e outro molhado. No dia seguinte, virou a pele e pediu o contrário. Deus muitas vezes se revelará aos pares. Nem sempre, mas muitas vezes há um padrão que você pode ver se olhar pelos olhos espirituais. Veja como Deus pode estar falando com você fazendo ou permitindo algo duas vezes em sua vida. Peça-lhe sabedoria para discernir a sua mão conferindo-lhe graça e para saber o que essa repetição significa. Às vezes, pode não significar nenhuma mudança real em sua situação — você ainda pode estar no poço. Mas saber que você não está sozinho é o bastante para lhe dar força para esperar em paz.

Alguma vez você experimentou muita turbulência em um avião? Eu já. Houve ocasiões em que o avião parecia estar saltando à revelia. Homens e mulheres adultos gritam, apertando os cintos de segurança já apertados. Os olhares deles mostram nervosismo aparente.

Mas depois ouve-se uma voz vinda do alto-falante.

Você reconhece a voz do piloto, que explica que você está em uma situação momentaneamente difícil, da qual estará fora dentro de dez a quinze minutos. De alguma forma, apenas de ouvir que ele sabe o que se passa, alivia o estresse. Ouvir a voz do piloto não impede a turbulência nem os solavancos, mas acalma enquanto o avião continua a manobra.

Deus nem sempre nos tira de nossos desvios, mas saber que Ele está conosco pode produzir calma em meio à turbulência da vida. Quando estiver passando por uma situação financeira, relacional, de saúde, de emprego, ou qualquer outra que pareça não ter solução em sua vida, ouça a voz de Deus. Você reconhece a presença dele? Consegue sentir o favor dele apesar das adversidades e da dor à sua volta?

Deus estava com José, no poço e na prisão, porque tinha um plano.

Desvios

Servindo em meio ao sofrimento

Outra prova de que você está a caminho de seu destino ao estar preso em um desvio é quando Deus lhe concede um ministério para cuidar de pessoas que estão passando pelas mesmas coisas ou por coisas semelhantes às que você está passando. Ele nos dá pessoas para tratarmos enquanto estamos sofrendo.

A próxima parte da história de José nos revela isso em sua vida:

> Depois disso, o copeiro e padeiro do rei egípcio ofenderam seu mestre, o rei do Egito. Faraó estava irritado com seus dois oficiais, o copeiro chefe e o padeiro chefe, e os colocou em custódia na casa do capitão da guarda na prisão onde José estava confinado. O capitão da guarda designou José para servi-los, e ele se tornou seu assistente pessoal. E estiveram sob custódia durante algum tempo (Gênesis 40:1-4).

Dois dos servos mais confiáveis de Faraó, o seu copeiro e o seu padeiro, meteram-se em maus lençóis. Uma vez que eles estavam sob sentença de morte, provavelmente foram vistos como parte de um plano do assassinato de Faraó. Ao chegarem à prisão, ficaram sob os cuidados de José. Mais tarde, na história, vamos descobrir que esses dois infratores têm a chave do destino de José. Mas antes que Deus a usasse para desbloquear qualquer coisa na vida dele, primeiro Ele queria que José

94

A presença dos desvios

ajudasse esses dois homens. José teve de aprender a olhar para além de sua própria miséria e ver como ele poderia ser usado para ajudar os outros antes que Deus o promovesse a sua derradeira missão do reino.

A tendência quando você está sofrendo é ser narcisista. É uma tendência normal em todos nós. Se você ouvir acerca de outras pessoas com problemas, você não se preocupa em ajudá-las, porque você quer gastar toda a sua energia emocional para cuidar das próprias feridas. Mas a chave para superar seu sofrimento é, na verdade, o oposto. Você deve procurar por pessoas que estejam passando por algo semelhante ao que está passando e encontrar uma maneira de ministrar a elas enquanto espera que Deus ministre a você. "José, percebendo seus rostos tristes, ministrou-lhes" (Gênesis 40:6-8).

O que muitas pessoas fazem é ser egoístas em seu sofrimento. Mas a resposta justa ao sofrimento é ajudar outra pessoa. Uma das maneiras pelas quais Deus o move através de seus desvios é por meio de seu ministério. Se você não está disposto a ministrar a outra pessoa, pode estar atrasando o próprio destino aumentando a duração de seu desvio. Ser egocêntrico pode fazer com que você perca a bênção que Deus lhe reservou.

> *O que muitas pessoas fazem é ser egoístas em seu sofrimento.*

Quando os dois homens na prisão precisavam de alguém para ajudá-los, José estava lá. Ele não estava tão ocupado chafurdando na própria autoestima a ponto de não ter tempo para mais ninguém. Os dois homens tiveram um sonho, e sonhos eram a especialidade de José. Interpretando ambos os sonhos para os homens, ele usou o dom que Deus havia lhe dado para ajudar outra pessoa. Veremos mais tarde como o fato de José estar disposto a interpretar os sonhos deles o tirou da prisão.

Se você quer ver Deus se manifestar em seu desvio e levá-lo para o seu destino, procure outras pessoas de quem cuidar. Você não tem de ser especialista nisso; basta usar o dom que Deus lhe deu quando você vir alguém que pode precisar dele. Deus quer usar seus desvios para ajudar os outros nos desvios deles também. Noé ministrou enquanto esperava pela chuva. Rute ministrou enquanto esperava que Deus mudasse sua situação. Rebeca tirou água para os camelos de um homem estranho enquanto esperava que Deus lhe fornecesse um companheiro. Todos eles ministraram em meio à espera — durante o atraso de seus desvios.

Tenha cuidado para não perder o seu ministério por causa de seu próprio estado de miséria. Deus usa o ministério para recarregar suas baterias espirituais enquanto você espera. Como 2Coríntios nos diz, Deus tem uma razão para o conforto, graça e bondade que ele nos dá em meio aos nossos problemas. Lemos: "Ele nos conforta em toda a nossa aflição, para que possamos confortar aqueles que estão em qualquer tipo de aflição, por meio do conforto que nós mesmos recebemos de Deus. Porque assim como os sofrimentos de Cristo são abundantes em nós, assim também por intermédio Cristo o nosso conforto é abundante" (2Coríntios 1:4-5). Deus não apenas deseja que nos conectemos verticalmente com Ele. Ele também quer nos usar para no conectarmos horizontalmente uns com os outros. É necessário que seja de ambos os modos para se viver plenamente o maior e o segundo maior mandamentos, que são amar a Deus sobre todas as coisas e amar o próximo como a nós mesmos. Se você está em um desvio, encontre uma maneira de encorajar alguém que esteja na mesma situação que você ou em uma similar. Raramente se encontra alguém sozinho em um desvio. Normalmente, há uma fila de carros sendo redirecionados e movendo-se lentamente.

Preso por muito tempo

Finalmente, e provavelmente a mais desencorajadora das quatro provas de que você está em um desvio planejado por Deus, é quando Deus adia sua libertação. Ele adia a sua ventura. Ele adia a sua libertação, que foi exatamente o que aconteceu a José na prisão.

Depois de interpretar os sonhos dos dois presos, ele perguntou ao copeiro uma coisa. Pediu-lhe para se lembrar dele quando saísse. Disse-lhe (José): "Quando tudo lhe correr bem, recorda-se de que estive com você. Rogo-lhe, seja gentil comigo, mencionando-me ao Faraó, e tire-me desta prisão. Porque fui

Desvios

raptado da terra dos hebreus, e mesmo aqui nada fiz para que me pusessem na masmorra" (Gênesis 40:14-15).

José simplesmente pediu ao copeiro que se lembrasse dele quando fosse liberto. Apenas isso. Não é pedir muito. Ninguém consideraria isso pedir muito a alguém. José interpretou de bom grado o seu sonho e lhe deu esperança acerca de seu futuro. Em troca, tudo o que ele pediu foi uma solução de sua própria situação de aprisionamento. "No entanto, o copeiro não se lembrou de José; esqueceu-se dele" (v. 23). O copeiro seguiu seu caminho, deixando José em um atraso aparentemente interminável.

Meu caro, você pode não gostar do que estou prestes a dizer, mas vi isso nas Escrituras, e vi isso na vida das pessoas por vezes suficientes para acreditar que isso é um padrão de Deus. Você está exatamente onde devia estar quando parece que Deus o tem no precipício do desastre. Quando parece que Ele está prestes a ajudar-nos em tempos mais desesperadores. Quando parece que o alívio está surgindo no do horizonte, mas depois volta ao ocaso e desaparece.

Quando Deus vai para a esquerda e você precisava ir para a direita, isso é muitas vezes a prova positiva de que você está justamente onde Ele quer que você esteja.

Isso é semelhante à perda de Marta e Maria, quando seu irmão Lázaro estava doente e depois morreu. Elas perguntaram a Jesus por que Ele se atrasou em ir ao encontro deles enquanto Lázaro ainda estava vivo. A resposta de Cristo a Marta e a Maria é semelhante à de José na prisão e a cada um de nós quando enfrentamos os desvios do destino — Deus tem uma razão específica para os adiamentos. Eles servem para mostrar a sua mão ainda mais poderosa e para aprofundar a nossa fé.

Você se sente preso? Você sente que está em uma situação que simplesmente não vai ter fim, apesar de todas as orações que tem feito e das tentativas de vencê-la você mesmo?

Você sente que Deus o esqueceu apesar de você ter tentado honrá-lo em seus pensamentos e ações. Então, Ele dá pequenas demonstrações de sua presença aqui e acolá. Ele o usa para ministrar aos outros em meio a sua dor. E quando parece que Ele está prestes a livrá-lo — quando encontrou a pessoa certa, o trabalho certo, seu propósito, a saúde ou as finanças estão prestes a se ajustar —, você enfrenta mais um atraso quando parece que Deus bate a porta da oportunidade e da libertação em sua cara. É mais fácil desistir em tempos como esses.

Como José deve ter se sentido quando vislumbrou a saída de uma masmorra em que não merecia estar, mas depois dia após dia se passou e não houve notícias? Não houve nenhuma chamada lá de cima. Nenhuma chave para a libertação. Isso é o suficiente para testar a fé de qualquer homem, quando se sente esquecido, especialmente depois de tão bem servir.

Mas lembre-se: um atraso não significa uma negação.

Um atraso ocorre quando Deus está preparando seu destino para você e, você para o seu destino, a fim de cumprir seus propósitos maior de reino. Deus tinha um propósito glorioso para que José cumprisse, mas isso implicaria mais alguns anos de prisão. Sim, *anos*.

O cronograma de Deus raramente é o nosso. Os seus desvios podem durar muito mais do que queremos. Mas quando alcançar o seu destino — como quando José finalmente alcançou o seu — você irá olhar para trás com admiração e proclamar que Deus estava certo, e até mesmo foi bondoso, desde o princípio.

CAPÍTULO 7

O objetivo dos desvios

 Enquanto eu estava estudando e pregando sobre este tópico de desvios recentemente, veio-me uma lembrança do que acontece em um desvio na vida. A minha esposa Lois e eu estávamos voltando de Denver, Colorado, depois de um evento de palestras naquela manhã. Era sábado, e se você me conhece minimamente sabe que nunca perco um domingo. Voltar para Dallas foi uma necessidade. E quando embarcamos no avião no ensolarado Colorado, presumi que o nosso regresso a casa seria uma coisa certa.

O avião decolou a tempo, e estávamos a caminho de nosso destino. A uma hora e 45 minutos de distância. No entanto, passados dois terços do voo, o piloto anunciou no alto-falante que estavam se formando tempestades em Dallas e teríamos de ser redirecionados para a cidade de Oklahoma.

A cidade de Oklahoma não estava nos meus planos. Eu não havia pedido, desejado, previsto isso, nem sequer pensado nisso. Mas outra pessoa estava no controle. E a outra pessoa que estava no controlo me disse que eu não estava indo aonde pensava que estava indo afinal. Ele provou ter razão e pousamos na cidade de Oklahoma.

Não apenas estávamos na cidade de Oklahoma, como estávamos presos num avião. Eles não abriram a porta. Não nos deixaram sair. Ficamos presos na pista, dentro do avião, indefinidamente. O piloto continuava dizendo que seriam mais quinze minutos, vez após outra. Mais tarde, ele apareceria e diria que seriam mais vinte minutos. Duas horas depois, ele voltou e disse que seriam mais quinze minutos. Lois e eu ficamos presos naquele avião em Oklahoma durante horas!

Finalmente, depois de um atraso que parecia durar para sempre devido a circunstâncias fora de nosso controle, o piloto voltou e disse que íamos partir naquele momento rumo a Dallas. O alívio inundou o meu corpo e a minha mente. Eu voltaria a tempo de pregar. Alegremente, apertei o cinto de segurança, inclinei-me para trás, e esperei que o voo curto começasse. Os motores rugiram, nós deslizamos pela pista e o avião começou a decolar.

Foi então que algo aconteceu.

O avião começou a desacelerar.

Outra vez.

O objetivo dos desvios

É isso mesmo que você leu. O avião desacelerou, os freios falharam e ficamos na pista. A voz do piloto surgiu um pouco mais tarde, "Desculpe", disse ele, "mas novas tempestades se formaram na região de Dallas/Fort Worth, e por isso não pudemos decolar. Serão mais quinze minutos".

Sei, quinze minutos! Não foram quinze minutos. Tampouco foram vinte minutos. Mais uma hora depois, o piloto voltou e disse que as condições estavam mais limpas e que estávamos prontos para descolar novamente. Pode apostar que não me dei ao trabalho de apertar o cinto novamente. Mas o impensável aconteceu; o avião realmente decolou, e eu finalmente estava no meu caminho de volta ao meu destino — Dallas, Texas, Igreja Oak Cliff Bible Fellowship.

Foi o que pensei.

Quando o avião pousou em Dallas, o piloto reapareceu (você pode imaginar que eu já estava cansado de ouvir a voz dele àquela altura). Ele disse: "Senhoras e senhores, tenho boas e más notícias. A boa notícia é que pousamos em Dallas. A má notícia é que não há portões de desembarque disponíveis. Serão mais 45 minutos ou uma hora antes de podermos chegar a um portão".

Não é necessário dizer que já tinha ultrapassado o ponto de estar evangelicamente irritado. Seria mais de uma hora antes de desembarcarmos. A nossa curta viagem de uma hora e 45 minutos transformou-se numa provação de sete horas!

Eu estivera em um desvio prolongado.

Alguns de vocês, ao lerem isso, podem sentir que essa é a história da sua vida. Seu plano era estar em um determinado ponto agora, e ainda assim você está aguardando permissão para pousar. Você não sabe quando o avião chamado *destino* vai pousar. Você pode estar ficando frustrado ou até mesmo perdendo a esperança. O piloto diz para que você aperte o cinto e você já nem se incomoda mais. Você tem estado preso na pista das provações e tribulações, e pode até ter se esquecido aonde você planejava ir no início.

Mas quero encorajá-lo se é assim que você se sente hoje. Quero lembrá-lo de que Deus tem um propósito para a dor e um destino no final do desvio. Quando sua preparação encontra o propósito de Deus — seu tempo se conecta com o tempo de Deus — você está pronto para se mover do desvio para o destino.

Lembre-se sempre ao olhar para os desvios em sua vida que Deus está elaborando o seu destino enquanto Ele está aprimorando você. Ele está criando um propósito enquanto aprimora uma pessoa. Quando a pessoa está preparada para o propósito e o propósito está preparado para a pessoa, Deus cria uma conexão — e essa conexão é chamada de *destino*.

O problema ocorre quando Deus preparou o propósito, mas a pessoa ainda não está pronta para ele. Quando a preparação não foi autorizada a entrar em ação com o intuito de produzir foco, maturidade, caráter e fé, ela apenas alonga o desvio. Semelhante às tempestades que ainda surgem em Dallas, que causaram o nosso atraso em Denver, as tempestades na sua alma

Uma lição sobre a vida

O desvio de José começou quando ele tinha dezessete anos. Quando chegamos a Gênesis 41, ele já tem trinta anos. São treze longos anos de vagueando e esperando, sem saber por que Deus havia permitido tantas voltas e reviravoltas ao longo do caminho. Foi um longo desvio, sem dúvida.

Mas havia uma saída.

Havia um destino.

Havia um propósito ligado aos atrasos.

Havia um fim para o seu começo intempestivo.

E a partir do exemplo de José podemos entender algumas pistas que podem nos ajudar a reconhecer quando Deus está pronto para nos levar ao fim de um desvio. O primeiro sinal consiste em Deus nos frustrar quando pensamos que ele estava no ajudando.

Ele trabalha de forma misteriosa porque sabe o que funciona melhor para cada um de nós.

Sei que você não esperava ler isso. Você provavelmente esperava ler algo como "consiste em

Deus lhe dar um vislumbre de seu destino no horizonte e o apontar na direção certa", ou algo semelhante. Mas, às vezes, Deus não trabalha da maneira que queremos. Ele trabalha de forma misteriosa porque sabe o que funciona melhor para cada um de nós.

Uma lição da vida de José, em relação a desvios, é que quando parece que Deus está prestes a libertá-lo, e em vez disso Ele o frustra, você está no caminho para o seu destino.

No capítulo 41 de Gênesis, lemos sobre isso em relação a José. Olhemos para ele no capítulo anterior. José tinha interpretado os sonhos do padeiro e do copeiro, e então pediu que o copeiro se lembrasse dele quando saísse da prisão. Tenho certeza que José sentiu que finalmente seria libertado. Ele havia encontrado a saída. Ele estava cansado da prisão, da escuridão, do ambiente úmido e malcheiroso. Ele ajudou outra pessoa, então ele esperava alguma reciprocidade por sua boa ação. Talvez se sentisse um pouco como eu quando o avião começou a decolar da pista pela primeira vez na cidade de Oklahoma. Podia me imaginar quase no ar e perto de casa. Mas depois o piloto freou, e ficamos presos outra vez. Teria sido quase mais misericordioso ter ficado parado na pista mais tempo do que estarmos quase decolando e para depois recuar segundos antes de partir.

Parecia, para José, que Deus havia finalmente trazido alguém para a sua vida que pudesse libertá-lo. Parecia que o dia dele tinha finalmente chegado.

O objetivo dos desvios

Mas as coisas desandaram antes de se ajeitarem. As coisas pararam antes de descolarem. O copeiro esqueceu-se de José. E José não tinha como chamar sua atenção novamente.

Eu estava ao telefone outro dia, à meia-noite, falando com um irmão que lamentava as circunstâncias de sua vida. Eu revi com ele o princípio de que quando Deus o frustra no momento em que parecia que Ele o libertaria é realmente um momento em que Deus está lhe dizendo: "Prepare-se para onde vou levar você". Quando meu amigo descobriu que Deus muitas vezes age assim, isso não mudou suas circunstâncias, mas mudou a maneira como ele as via. Isso mudou seu nível de paciência no meio de uma situação desafiadora.

Por pior que possa parecer ser frustrado por Deus, isso é, na verdade, uma grande coisa, porque Ele está preparando você para o lugar que Ele o está levando. Ele está preparando você — você está quase lá. Aguente um pouco mais e não desista agora. Ele está fortalecendo a sua fé, gratidão e determinação.

Entre outras coisas.

Ele também está preparando o lugar (ou pessoa) para o qual está levando você — para o seu bem.

Lembra-se disto também. O seu destino pode ainda não estar pronto para você. Deus pode estar preparando o lugar aonde você está indo (ou a pessoa com quem ele vai conectá-lo) *para seu bem.*

Então, por mais que um atraso pareça ruim e decepcionante, é sábio para que o piloto possa conduzir seus passageiros por meio de um desvio. Se o piloto tivesse ficado impaciente parado na cidade de Oklahoma e se tivesse ido embora em vez de esperar a tempestade, quem sabe o que poderia ter acontecido. Se ele tivesse tentado pousar o avião no meio de ventos fortes e relâmpagos, nenhum de nós estaria aqui hoje. Perceba que seu desvio não diz respeito somente a você. Diz respeito também aos outros passageiros em sua vida — Deus se preocupa com eles e com o bem deles também. Diz respeito muitas vezes, também, ao seu destino estar pronto para recebê-lo.

Há outra razão pela qual Deus muitas vezes atrasará a sua libertação quando parece que ela está às portas: Ele quer ter certeza de que receberá o crédito pelo que acontece.

Se o contato de José na prisão o tivesse libertado, depois de estar livre, então, José poderia ficar com os louros. E todos sabemos o que aconteceu a José quando o seu ego ficou inflado alguns anos antes. Então, Deus permitiu que ele chegasse às portas da libertação — com sua própria força — e então o fez recuar. Ele fez isso para deixar claro que não foi por meio do esforço humano que ele alcançou o seu destino. Não foi porque ele fez um favor a alguém. Seria apenas por causa do próprio Deus. Deus não permitiu que o copeiro se lembrasse de José. Ele também faz coisas semelhantes em nossas circunstâncias.

Porque quando Deus quer realizar o seu propósito em sua vida, Ele não quer partilhar o crédito. Ele quer ter toda a glória e toda a notoriedade.

Paulo resumiu em 2Coríntios por que Ele lida com as coisas dessa maneira quando escreveu: "Na verdade, nós pessoalmente carregávamos uma sentença de morte dentro de nós mesmos, de modo que não confiamos em nós mesmos, mas em Deus que ressuscita os mortos" (1:9). A declaração de Paulo é uma boa lembrança de algo que não está na Bíblia. É algo que é muito citado e até mesmo atribuído à Bíblia, mas não aparece em lugar nenhum: que Deus não lhe dará mais do que você pode suportar. Isso não é verdade. De fato, Paulo — apóstolo e servo escolhido de Deus — escreveu: "porque não queremos que vocês não tenham conhecimento, irmãos, da nossa aflição que ocorreu na Ásia: fomos completamente oprimidos — além de nossas forças — de modo que até mesmo perdemos a esperança da vida" (2Coríntios 1:8). Sim, Paulo escreveu que perdera a esperança da vida. Teria preferido morrer a sofrer. Eles estavam "completamente sobrecarregados" e além de suas forças. Parece que Deus permitiu mais do que podiam suportar.

Como aconteceu com Paulo, e com José, há um tempo em que Deus lhe dará mais do que você pode suportar. Esse é um momento em que Ele quer livrá-lo de você mesmo. Ele quer tirá-lo de sua autodependência. Ele quer remover o seu senso de autossuficiência, a sua independência. Deus, de fato, vai cansá-lo algumas vezes até que você "jogue a toalha" — até que você tenha alcançado um ponto de *total* dependência dele.

Uma das razões pelas quais alguns de nós não saímos do nosso desvio deve-se ao fato de ainda sermos muito autossuficientes. Ainda achamos que conseguimos lidar com isso sozinhos. Achamos que conhecemos as pessoas certas, ou que temos o dinheiro que merecemos, ou até que desempenhamos

Desvios

o trabalho certo. Pensamos que por causa de nossas próprias conexões, habilidades humanas, talento, contatos, ou até mesmo de nossos próprios recursos — que se apenas fizermos uma oração extraordinária — podemos chegar aonde queremos ir.

Não funciona assim. Deus não trabalha assim.

Deus lhe dará mais do que você pode suportar quando Ele está quiser livrá-lo de sua independência. Quando Deus o frustra — justamente quando parecia que Ele estava vindo ao seu socorro — Ele o faz a fim de aumentar a sua consciência da sua dependência dele, e não de si mesmo. Mas isso é uma boa notícia, meu amigo. É uma boa notícia quando os seus contatos humanos não podem ajudar, ou o seu dinheiro não pode comprar a solução, ou você se encontra prostrado sozinho perante Deus. É o melhor lugar que você pode estar, porque é aí que Deus finalmente tem a oportunidade de *ser* Deus para você.

CAPÍTULO 8

O plano dos desvios

No capítulo anterior, olhamos para uma pista que pode nos dizer quando podemos estar perto do fim de um desvio planejado por Deus — o momento que Deus o frustra quando parecia que você estava prestes a chegar ao seu destino. Neste capítulo, quero que examinemos outra dica — o momento que Deus surpreende você.

Durante dois anos, José esperou sentado na cadeia que o copeiro se lembrasse dele. Tenho a certeza de que, passado algum tempo, ele presumiu que o copeiro não se lembraria. Provavelmente sentiu-se esquecido, ignorado por Deus. À espera da batida na porta que nunca chegou, pergunto-me se José se deu ao trabalho de contar os dias. Depois de tanto tempo, você contaria?

Depois de tanto tempo, você contou?

Você está em algum lugar em sua vida em que você se sente esquecido, negligenciado, ou até mesmo ignorado por Deus?

Você tem orado, esperado e tido fé na intervenção de Deus, porém, sem sucesso?

Se esse é você, este capítulo lhe diz respeito. Porque depois da preparação e do aprimoramento, e até mesmo do quebrantamento terem cumprido seu propósito, Deus está pronto para fazer com você o que fez com José — e assim surpreendê-lo.

Enquanto José estava preso, Faraó estava tendo um sonho no Palácio. Mas não foi um sonho bom. Na verdade, foi um sonho que causou muita preocupação a Faraó. Tanto que pediu aos seus magos e a todos os seus sábios que viessem interpretar os seus sonhos. Mas apesar de todos os seus esforços, não havia ninguém que pudesse fazê-lo com sucesso. Deus não permitiu que a sabedoria humana trouxesse a resposta para o problema. Ele providencialmente frustrou os processos normais de interpretação dos sonhos do Faraó porque tinha um trabalho para José, o Zé. Deus tinha alguém especialmente criado e preparado para um propósito exatamente como aquele. Na verdade, interpretar o sonho era apenas um passo em direção ao propósito que Deus tinha para José.

Enquanto José esperava mais um dia na prisão, a sabedoria dos homens mais sábios no Egito ficou aquém — deixando Faraó sem saber o que fazer a seguir. Isso é, até o copeiro falar.

O plano dos desvios

Então, o copeiro-chefe disse a Faraó: "Hoje me lembro de meus pecados. Faraó estava zangado com os seus servos, e colocou a mim e ao padeiro chefe sob a custódia do capitão da guarda. Ele e eu tivemos sonhos na mesma noite; cada sonho tinha seu próprio significado. No entanto, um jovem hebreu, um escravo do capitão da guarda, estava conosco ali. Contamos a ele nossos sonhos, e ele interpretou nossos sonhos para nós, e cada um tinha a sua própria interpretação. E aconteceu da maneira que ele os interpretou para nós: eu fui restaurado à minha posição, e o outro homem foi enforcado" (Gênesis 41:9-13).

Uma luz acendeu-se na mente do copeiro quando os homens de Faraó não conseguiam interpretar o seu sonho. Algo despertou uma lembrança da sua própria situação e do homem que conheceu na prisão, o escravo. Sem hesitação, o Faraó rapidamente convocou José para interpretar o seu sonho. Não era preciso dizer-lhe duas vezes que havia um homem que o podia ajudar. Chegaram à porta da cela de José, que foi aberta. E tão de repente como ele tinha sido atirado para dentro dela, ele foi puxado para fora.

Alguns de vocês podem chamar esse acontecimento de sorte, casualidade ou acaso. Talvez haja alguns que estejam lendo isso que possam até chamar de destino. Mas como

> *O que aconteceu naquele dia foi a providência.*

um crente em Deus, nenhuma dessas palavras deve sequer estar em seu vocabulário. O que aconteceu naquele dia foi a *providência*.

A providência é a mão de Deus movendo-se na luva da história — gerando um sonho, estabelecendo um intérprete de sonhos, e lembrando ao copeiro sobre sua conexão de anos atrás. Agora, Faraó quer conhecer um homem que nunca havia visto e confiar a esse homem os pensamentos mais delicados de sua mente e coração... Tudo porque Deus é o Deus do tempo e da manobra das circunstâncias.

José tem um estímulo, uma missão e uma barba feita. Gênesis 41:14 nos diz que depois que Faraó mandou chamá-lo, José se barbeou e mudou de roupa. Tendo permanecido no ambiente horrível de uma masmorra por tanto tempo, era hora de uma transformação. Mas é exatamente isso que Deus fará. Quando ele tira você do desvio para o seu destino, ele o restaura. Ele o deixa pronto. Ele transforma não apenas a sua alma, mas tudo em você. Deus pode tirar essas roupas de prisioneiro no momento em que o tira de uma realidade negativa, dando-lhe um começo e um semblante novos.

Encontrando-se diante do mais alto governante da terra, José lembrou-se de onde veio. Ele lembrou-se da sua dependência de Deus. Ele não se exaltou com palavras positivas e de afirmação. Em vez disso, José revelou claramente o que aprendeu em seus desvios — coisas como humildade, dependência e confiança. A Bíblia diz,

> "E o faraó disse a José: tive um sonho e ninguém pode interpretá-lo. Mas ouvi dizer que você que podes ouvir um sonho e interpretá-lo". "Eu não sou capaz de fazê--lo" respondeu José ao faraó. "Deus é quem dará uma resposta favorável ao faraó". (Gênesis 41:15-16).

Depois de dois anos na prisão, Deus surpreendeu José com uma missão. E José surpreendeu-nos a todos com uma transformação de caráter. "Eu não sou capaz", disse ele claramente. "Deus o é." José tinha finalmente amadurecido. José estava preparado agora para a obra que Deus o havia chamado a fazer. Quando você estiver preparado para o seu destino, ficará surpreso com a rapidez com que o Senhor o levará até lá. Se você alguma vez quiser fazer um estudo na Bíblia, recomendo que faça um sobre a expressão "de repente". De repente, é quando Deus nos surpreende — quando Ele aparece do nada —, quando não podíamos haver planejado ou criado algo por nós próprios.

De repente.

Você pensa que está preso em algum lugar, mas de repente Deus lhe mostra que você já chegou.

Isso me lembra de outra história de avião que ocorreu em uma viagem que tive de fazer. Dessa vez eu estava voltando para Dallas de Raleigh, Carolina do Norte, quando surgiu um problema que ocasionou um desvio. Em vez de pousar em Dallas, fomos redirecionados para Abilene. Nunca me esquecerei de estar parado na pista em Abilene quando, de repente, uma passageira se levantou e começou a falar com a aeromoça. Alguns minutos depois, a aeromoça entrou na cabine para falar com o piloto. Alguns minutos depois, uma tripulação parou do lado de fora do avião com as escadas para desembarque. Dentro de alguns momentos, a porta para o avião estava aberta e a mulher caminhou para fora juntamente com seus filhos. Aparentemente, Abilene era o seu destino final. Eles haviam planejado original-mente voar para Dallas e, em seguida, pegar outro voo de volta para Abilene. Mas enquanto estavam parados na pista, decidi-ram perguntar se podiam desembarcar ali.

A tripulação e os assistentes não viram por que não — então o que havia sido originalmente um desvio tornou-se um des-tino. De repente.

Deus sabe como criar situações. Apenas Deus sabe como tirá-lo deste lugar, movê-lo para lá, e depois fazê-lo voltar para cá de repente, para o lugar onde Ele o estava levando desde o princípio. Tal como a família no avião quando redirecionada para Abilene, Deus pode surpreender você de repente e levá-lo para casa mais cedo do que você sonhou.

Mas você pode estar se perguntando como saber se o que está acontecendo de repente é realmente Deus ou outra coisa. Como você distingue um movimento de Deus de algo que sim-plesmente acontece devido às circunstâncias da vida? Muitas vezes, você pode distinguir isso pela expressão "duas vezes". Lemos em Gênesis 41:32 que quando José respondeu à pergunta de Faraó sobre o que fazer com seu sonho, ele disse: Uma vez que o sonho foi dado *duas vezes* a Faraó, isso significa que o assunto foi estabelecido por Deus, e ele vai realizá-lo em breve" (grifo do autor).

Analisamos esta questão anteriormente, noutro capítulo, mas quero trazê-lo de volta para cá, porque é extremamente importante. *Por meio de duas ou três testemunhas uma coisa é confirmada*, e às vezes isso significa que Deus está engendrando alguma coisa.

Quando você quiser saber se é apenas o acaso, ou Satanás tentando enganá-lo (ou mesmo apenas sua própria ilusão), procure por um padrão repetitivo. Procure "duas vezes".

Deus confirmará sempre a sua vontade. Ele validará sempre a sua Palavra. E o modo como o fez com Faraó e o seu sonho foi mostrando-lhe as vacas e o milho (Gênesis 41:1-7). José mostrou isso a Faraó como uma forma de saber que a questão tinha sido determinada pelo próprio Deus e que a questão predita iria acontecer.

José podia olhar para trás e ver Deus manifestando-se em padrões reconhecíveis. Ele havia aprendido a discernir a mão de Deus. Sua humildade tinha vindo a um custo, mas foi um custo que gerou dividendos para ele, e incontáveis outros no futuro. Uma coisa que José aprendeu durante os seus desvios foi a nunca ficar preso em saber como algo pode aparecer. Seja boa ou má, a realidade nem sempre é o que vemos.

Ele havia recebido uma túnica de muitas cores desde cedo e uma visão de grandeza. Mas ele acabou em um poço, acorrentado atrás de uma caravana, depois vendido como um escravo, para mais tarde ser preso.

Ele recebeu uma masmorra como casa e correntes como roupas, e depois foi liberto, limpo, barbeado, recebeu roupas novas e uma audiência perante o próprio Faraó, a fim de interpretar o seu sonho. O que você vê nunca é tudo o que há para ser visto. José sabia disso. Ele sabia que sete anos de abundância não deveria ser uma ocasião para deixar uma nação em paz. Ele sabia o que o sonho significava — haveria sete anos de fome. E se os líderes do país não fossem sábios o suficiente para fazer um armazenamento sobressalente durante a abundância, muitos morreriam de fome durante a escassez. José aprendeu em seus desvios como ver a vida através de uma lente de longo prazo. Ele aprendeu que Deus tem uma maneira de dirigir, virar, girar, e, em seguida, trazer à tona algo de repente e do nada, a fim de levá-lo exatamente aonde você deve estar.

Por isso, desafio você hoje, ao ler estas páginas, que, se estiver em um desvio, certifique-se de adentrar na vontade de Deus. Pare de deixar a opinião humana e a emoção mantê-lo em um desvio mais do que você precisa estar. Pare de seguir os caminhos e métodos da humanidade, que contradizem os caminhos de Deus. Apesar de não saber quanto tempo vai demorar o seu desvio, sei que Deus sabe onde está o seu destino e quando o casamento divino entre essas coisas irá acontecer. E quando isso acontecer, o momento será perfeito. E, provavelmente, repentino.

O plano dos desvios

Havia um homem que estava pronto para desistir de Deus. Ele estava cansado. A vida já não estava andando bem, e ele não sabia se Deus iria ajudá-lo como ele esperava. Ele tinha chegado ao fundo do poço, ao limite de sua esperança, e queria desistir. Então ele sussurrou para Deus: "Eu desisto".

Talvez esse seja o seu caso. Talvez seja assim que se sente porque não consegue ver Deus, tampouco consegue ouvi-lo. Você se sente como José, encalhado e preso. Deixado para apodrecer. Esquecido. Sozinho. Sobrepujado. Apesar de ter tido tanta esperança outrora.

O homem que disse a Deus que desistia decidiu ir para a floresta para ter uma última conversa com o Senhor. "Deus, tu me desamparaste", disse o homem. "Tens me prendido aqui, e não sei o porquê. Não sei quanto tempo vou ter de ficar nesta situação antes que a minha mudança chegue. Estou pronto para desistir, a não ser que faças alguma coisa ou digas alguma coisa agora".

Naquele preciso momento, os céus se abriram, e uma voz falou com o homem. Dizia: "Olha à tua volta e diz-me o que vês".

O homem olhou em volta e disse à voz do céu que viu samambaias crescendo em um vaso e também alguns bambus. A voz do céu respondeu: "Exatamente! Agora deixe-me falar-lhe sobre a samambaia e o bambu". O homem abriu bem os ouvidos para ouvir atentamente.

"Quando as sementes da samambaia foram plantadas, elas cresceram muito rapidamente, e tornaram-se exuberantes, verdes e bonitas. Mas quando as sementes de bambu foram plantadas, nada cresceu durante seu primeiro ano. A mesma coisa aconteceu no segundo ano. E no terceiro. E no quarto. Apenas no quinto ano é que surgiu o primeiro pequeno rebento de bambu".

Então a voz do céu silenciou-se, permitindo que essa realidade se aprofundasse. Em seguida, continuou com uma pergunta: "Qual é o comprimento do bambu que você está olhando?".

O homem respondeu: "Pelo menos trinta metros de altura".

"Você está certo", disse a voz do céu. "E a razão pela qual o bambu tem trinta metros de altura é porque durante os cinco anos em que você não viu nada, ele estava crescendo profundamente no interior. Estava crescendo forte, com raízes profundas abaixo da superfície onde você não pode ver. A razão pela qual o bambu estava indo mais fundo primeiro é porque, por fim, eu o havia planejado para ter mais de trinta metros de comprimento. Ele sabia o quão alto eu planejara levá-lo, e para que ele mantivesse esse comprimento, ele teria de crescer mais fundo para dentro, onde ninguém poderia ver absolutamente nada".

Meu caro, se Deus está demorando muito tempo com você em seu desvio, é porque ele está tentando levá-lo mais fundo ao interior primeiro. Ele está tentando aprimorar e fortalecer você para manter o destino bem guardado.

O plano dele para você é elevado. O seu chamado para você é superior. Seu propósito para você um dia vai desabrochar. Mas

O plano dos desvios

assim como não se pode construir um arranha-céu em uma base de galinheiro, não se pode colocar um destino divino em uma alma superficial. Quanto mais altas forem as suas montanhas, mais profundos serão os seus vales. E estradas difíceis muitas vezes levam aos destinos mais magníficos.

CAPÍTULO 9

O perdão de desvios

Dois monges estavam a caminho de um destino em particular. No percurso, tiveram que atravessar um rio raso para chegar ao lugar que estavam indo. Mas quando chegaram ao rio, depararam-se com uma mulher idosa e pesada, sentada à beira do rio. Ela estava sentada lá chorando, e então os dois monges perguntaram-lhe o que havia de errado. Ela começou a dizer--lhes que não podia atravessar o rio.

Ela estava muito assustada para atravessar sozinha.

Os dois monges tiveram empatia pela senhora idosa, e então se ofereceram para levá-la através do rio. Juntos, eles a levantaram e começaram a entrar na água, gentilmente atravessando para o outro lado. Uma vez que eles chegaram ao outro lado, a mulher idosa agradeceu-lhes profusamente e, em seguida, seguiu o seu caminho. Os dois monges continuaram até o seu destino. No entanto, enquanto caminhavam, um dos monges começou a queixar-se de dor nas costas. Ele murmurou: "Uau, levar aquela mulher para o outro lado do rio foi muito difícil. Agora, doem-me muito as costas".

O outro monge respondeu à queixa com encorajamento: "Bem, vamos continuar. Você consegue".

"Não", o monge queixoso respondeu. "Não consigo. Não posso continuar. Carregar aquela mulher foi difícil. Estou com muita dor." O monge fez uma pausa e depois perguntou ao amigo: "Você não está com dor?".

Ao que o outro monge respondeu: "Não, livrei-me dela há 8 km".

Muitos de nós não chegam aos próprios destinos porque ainda se sentem carregados pela dor do passado. O peso de ontem continua a pesar-nos hoje, impedindo-nos de nos mover livremente para o amanhã. Nada — nada mesmo — o impedirá de chegar ao seu destino como essa tal coisa chamada "falta de perdão". A falta de perdão inclui agarrar-se à dor passada, aos rancores do passado — ao peso da mágoa, do remorso e da vingança. A falta de perdão é algo que, sobre tudo o mais, irá atravancar o agir de Deus em sua vida, impedindo que você vá para aonde você deve ir.

Quando você se agarra ao peso do ontem, o progresso para o amanhã é impedido. A falta de perdão é a área crucial que deve ser abordada se você precisa chegar ao seu destino.

O perdão de desvios

Se alguém tinha o direito de estar zangado, amargurado e guardar rancor, esse alguém era José. Ele cresceu em uma família disfuncional sob um pai disfuncional, foi arremessado a um poço, vendido como escravo, injustamente preso e então esquecido. Se alguém tinha o direito de se zangar e dizer "A vida não é justa!", esse alguém era José. A vida de José preenche as páginas do capítulo 37 ao 50 de Gênesis, por isso é óbvio que Deus queria que aprendêssemos com esse homem. Ele queria que nos focássemos nas lições de vida desse homem. Deus reservou tanto do primeiro livro da Bíblia a José porque ele queria nos mostrar os componentes-chave para se viver uma vida de destino. E um desses componentes cruciais com que José teve de lidar — e que você e eu teremos de lidar se algum dia vamos sair de nossos desvios e chegar ao destino projetado por Deus para nossa vida — é essa questão do perdão.

José teve de o enfrentar. Ele teve de lidar com essa questão. De fato, vemos isso reconhecido em Gênesis 50:15-17:

> Quando os irmãos de José viram que seu pai estava morto, disseram uns aos outros: "Se José está ressentido conosco, certamente nos retribuirá todo o sofrimento que lhe causamos". E enviaram uma mensagem a José, dizendo: "Antes de morrer, seu pai assim ordenou: 'Digam a José: Perdoe a transgressão de teus irmãos e o pecado deles, o castigo que lhe infligiram. Por isso, perdoe a transgressão dos servos do Deus de seu Pai." José chorou quando eles lhe falaram.

A resposta de José indica que ele não ficara emocionalmente frio. Ele não escolheu uma vida de cinismo para lidar com a dor que enfrentou. Ele ainda se permitiu sentir apesar das perdas que ocorreram em sua vida. Ele não havia cortado o passado; pelo contrário, havia aprendido como vê-lo. Ele havia aprendido como aceitá-lo em alinhamento com a providência de Deus, mesmo que a dor ainda estivesse obviamente lá.

> *Perdão não significa que você já não sinta mais dor.*

Perdão não significa que você já não sinta mais dor, nem que esqueceu os fatos ocorridos. Perdão significa que você já não mantém a situação ou a pessoa refém pela dor que causaram.

Muitos de nós estamos sendo impedidos de nosso destino por estarmos mantidos reféns por uma coleira em torno de nossa alma chamada de "falta de perdão". Essa coleira continua a nos puxar e puxar. Damos um passo em frente e depois somos puxados dois passos para trás. Talvez tenha sido algo que aconteceu em sua infância, ou talvez tenha sido um companheiro abusivo ou emocionalmente ausente. Talvez você tenha sido abandonado, negligenciado, ou mesmo injustamente rebaixado ou deixado. Pode ser uma infinidade de coisas. Seja o que for, isso o está mantendo refém. Mas neste momento, quero ver você livre.

Em primeiro lugar, muitos de nós definimos erradamente este conceito de perdão. Quando está mal definido, nunca

O perdão de desvios

experimentamos verdadeiramente seus benefícios. Ou não sabemos se perdoamos. Perdão, biblicamente falando, é a decisão de deixar de creditar um delito contra um infrator. É um termo matemático, tecnicamente falando. É por isso que quando o ouvimos na oração do Senhor, o termo está especificamente ligado a dívidas. Pedimos a Deus que perdoe as nossas dívidas, assim como perdoamos a nossos devedores. Refere-se a um erro em uma calculadora onde dois números foram adicionados erroneamente, e você tem de pressionar um botão de *reset*, a fim de começar novamente.

O perdão tem muito mais a ver com uma decisão do que com um sentimento. Não é como você se sente em qualquer momento; tem a ver com o fato de você ter feito a escolha de excluir o delito. Você pode se perguntar como você consegue saber se você fez essa escolha uma vez que você não pode medir a sua decisão por seus sentimentos. Como você sabe que realmente perdoou em vez de simplesmente dizer que perdoou?

Uma excelente medida de qualificação para ajudá-lo a saber se você realmente perdoou a infração e o infrator é perguntar a si mesmo: "Ainda estou buscando vingança?". Se você estiver buscando vingança, ou retaliação, ou se você se deleita com a dor do infrator, ou circunstâncias ruins, então você ainda não perdoou. Você ainda não libertou essa pessoa da dor que causou a você.

Tenha em mente que isso também se aplica a você. Muitos cristãos vivem sob o peso da culpa e da vergonha e não conseguem perdoar a si mesmos. Isso pode levar a um comportamento destrutivo capaz de envolver gastos exorbitantes, consumo excessivo de comida e bebida, além de outros métodos de autodestruição.

O verdadeiro perdão consiste em libertar-se da amargura da ira e da raiva. Se você está buscando vingança ou tem esse desejo, então o perdão não ocorreu porque o amor "não guarda um histórico de culpa" (1Coríntios 13:5). Não quer dizer que você justifica a ofensa, ou finge que não aconteceu. Também não significa que você a ignore. Podemos ver pelo exemplo de José que ele sentiu uma grande dor. Ele chorou, mesmo décadas depois. Mas o que o perdão *significa* é que você tomou a decisão de não se relacionar mais com a pessoa ou pessoas, ou mesmo com você mesmo, baseado na infração.

Dois tipos de perdão

O perdão pode operar em dois níveis. Há o perdão unilateral e o perdão de transferência. O perdão unilateral ocorre quando você perdoa alguém e, no entanto, a pessoa não pediu perdão, ou nem mesmo se arrependeu do que fez com você. Unilateralmente significa que, por sua conta — sem a participação do ofensor — você escolhe conceder perdão.

Por que você concederia perdão a alguém que nem o quer e certamente não o merece? A razão pela qual alguém concede perdão unilateral é para poder seguir em frente. O perdão unilateral o impede de ser refém de algo que a outra pessoa pode nunca resolver. Pode ser que a ofensa seja tão pequena que não seja um grande problema para a outra pessoa, ou seja tão pequena que você não quer falar sobre isso. Ou talvez a pessoa que o magoou tenha morrido, e a oportunidade de pedir desculpa já não existe.

Este não é um exemplo profundo e pessoal de necessidade de perdoar alguém unilateralmente, mas é um exemplo que acho que pode lançar luz sobre como e por que devemos fazê-lo. Há alguns anos, alguém bateu no meu carro e fugiu. Foi uma clássica fuga do infrator. Ele saiu tão rápido que eu não consegui anotar a placa ou mesmo a marca e modelo do carro. Tudo o que eu sabia era que o meu carro tinha, na ocasião, um grande amassado e a pessoa responsável não estava em lugar algum que pudesse ser encontrada. Ninguém me pediu desculpas. Ninguém acionou o seguro para pagar pelos danos. Amassaram meu carro e foram embora.

Coube a mim arrumar o amassado no meu carro, mas protelei muito mais tempo do que deveria. Admito que não queria ter de arrumar um amassado que não fiz. A minha frustração obstinada impediu-me de arrumar o carro, mas apenas eu que fui castigado. A pessoa que causou o dano nunca soube. Essa pessoa nunca levou isso em consideração. Fui eu que tive de entrar num carro amassado todos os dias, e me lembrar do que tinha acontecido e ficar novamente frustrado.

Estava sendo feito refém por uma pessoa que nem sequer eu conhecia. Muitas pessoas vivem com amassados imperdoáveis na alma.

Perdão unilateral significa que perdoo para poder seguir em frente. Perdoo para poder esquecer. Perdoo para que eu possa ir arrumar o amassado. Quando Estêvão estava sendo apedrejado até a morte, como registrado em Atos 7, ele pediu a Deus para perdoar aqueles que o matavam enquanto o faziam. Ainda estavam a apedrejá-lo, e ele, a perdoá-los. Adivinha o que aconteceu quando ele fez isso? Ele olhou para cima e viu o céu se abrir, e Jesus de pé à destra do Pai. Por que é importante saber disso? Porque isso nos revela que o perdão lhe dá um novo nível de acesso a Deus. Dá-nos uma relação mais íntima com o Salvador. Dá-nos esperança em meio ao mal e paz em meio aos problemas.

O perdão unilateral não exige que a pessoa que feriu você tenha de pedir perdão ou até mesmo demonstre que o merece. Você deve perdoar para que você não seja mais mantido refém de uma ofensa, pessoa, circunstância ou perda. Por um ato da sua decisão, liberte-os para que você possa continuar rumo ao seu destino. Nada o fará refém de seus desvios e nem o afastará de seu destino mais que a falta de perdão.

Perdão é uma linda palavra quando você precisa dela. É uma palavra terrível quando se tem de conceder. Mas é uma ponte que todos temos de atravessar, e é certamente uma ponte que nunca devemos incendiar. Perdoe os outros porque você

O perdão de desvios

também precisa de perdão, de Deus e daqueles que você ofendeu (Mateus 6:14-15).

Você deve estar pensando: "E a dor?". Se você perdoar alguém e ainda sentir a dor, isso não pode ser justo, certo? Pode não ser justo, mas vai libertar você.

Na Inglaterra, há igrejas magníficas com sinos magníficos que tocam alto e claro por todo o interior. A irmã da minha esposa vive na Inglaterra, por isso, quando a visitamos, fico sempre maravilhado com essas enormes igrejas e com seus sinos. Uma coisa interessante sobre os sinos nas torres dessas igrejas é que eles estão pendurados em uma corda. Para que o sino tocasse, foi necessário que em anos passados alguém subisse ao topo da torre do sino, agarrasse a corda e começasse a balançá-la. Quando a corda era balançada, o sino produzia um som característico. Mas sabe o que aconteceria quando a pessoa finalmente largasse a corda? O sino continuaria tocando.

Isso porque os impulsos iniciais mantinham o sino em movimento. O sino já não batia tão forte a cada vez para que o som era emitido. Mas continuava soando porque às vezes leva tempo para que os movimentos e ações passadas finalmente reduzam e cessem.

Quero dizer a você uma coisa muito importante sobre o perdão. Ele não impede o sino de soar. Não impede a dor de aparecer. O que ele faz é permitir que você largue a corda. Isso permite que você se distancie da ofensa o suficiente para que o movimento natural da vida e das emoções finalmente possa

Desvios

serenar e, por fim, você fique em paz. A dor diminuirá com o tempo, desde que você não segure a corda e a faça soar o sino outra vez.

Quero que você se liberte para o seu destino. Quero que você deixe cair por terra as ofensas e os erros cometidos contra você. Deixe a vingança nas mãos de Deus. Ele é muito melhor do que nós. Dê a si mesmo a liberdade de que tanto necessita e tão divinamente merece e que lhe permitirá viver plenamente o destino para o qual você foi criado para cumprir. Perdoe. Deixe cair por terra. Abrace o fato de que o plano perfeito de Deus contempla a dor do passado, e que Ele a trará ao seu bom propósito.

Então caminhe na plenitude do chamado de Deus para você.

CAPÍTULO 10

O prazer dos desvios

 No capítulo anterior, olhamos para a primeira forma de perdão que vamos abordar, que é o perdão unilateral. Perdão unilateral é quando você perdoa alguém que não pediu perdão, não demonstrou um coração arrependido, ou talvez nem cesso de praticar a ofensa. O perdão unilateral é concedido para que você não tenha de ser mantido refém de emoções amargas e debilitantes de raiva, ressentimento e medo.

Mas há uma segunda forma de perdão que quero abordar, demonstrada pela vida de José, chamada de perdão transferencial. O perdão transferencial ocorre quando existe um desejo de reconciliação e arrependimento. É quando a pessoa ou pessoas que o ofenderam estão dispostas a confessar o que foi feito de errado e procuram restaurar o que foi quebrado. Esse tipo de perdão restabelece a relação.

O perdão transferencial é impulsionado pela reconciliação.

Mas o perdão transferencial precisa ser provado primeiro, dependendo da gravidade da ofensa.

Os irmãos de José queriam ser perdoados. Eles expressaram seu arrependimento a José, mas este não acreditou na palavra deles. Uma pessoa sempre pode dizer "Sinto muito", e não ser de coração. Uma pessoa pode pedir desculpas devido a uma situação em que está, ou apenas para tentar superar a ofensa ou suas consequências. Palavras por si só não carregam o peso que as ações revelarão. É sábio que as confissões sejam atestadas para ver se representam o verdadeiro arrependimento, que é exatamente o que vemos José fazer em Gênesis 42. Ele dá a seus irmãos uma prova para ver se o coração deles mudou em relação aos anos anteriores, quando eles queriam prejudicá-lo devido ao ciúme deles. Esta é o prova:

> É assim que serão testados: tão certo como Faraó vive, que não sairão deste lugar, a menos que o irmão mais novo de vocês venha para cá. Enviem um de vocês para apanhar seu irmão. O restante de vocês será preso para que suas palavras possam ser testadas e para que eu veja se são verdadeiras. Se não forem, então tão certo como Faraó vive, vocês são espiões! (v. 15-16)

Essa prova também não seria a única que José faria. Mais tarde, ele colocou uma taça na bolsa de Benjamim para fazer parecer que ele a roubara, a fim de ver se os irmãos iriam jogar

Benjamim debaixo do "trem", ou se tentariam defendê-lo para devolver o mais novo "filho favorito" de seu pai a casa. Essas provas, pelas quais os irmãos passaram, atestaram que realmente amadureceram e se arrependeram de seus maus caminhos anteriores. É por isso que a Bíblia diz que devemos ver os "frutos do arrependimento". Fruto é algo que você e eu podemos ver, tocar e saborear. É visível. As palavras apenas vão até certo ponto. O arrependimento deve ser uma mudança de ação para que seja real.

É certo que nem todas as relações podem ser restauradas. Algumas somente podem ser restauradas até certo ponto. Mas no perdão transferencial, procura-se alguma restauração. Você procura restaurar a relação até onde a situação permitir. Essa é também uma realidade de ambos os lados. Não é apenas o ofendido que está ali pedindo para ver os frutos do ofensor. Ambos os lados precisam demonstrar que o arrependimento e o perdão aconteceram.

Vejo isso muitas vezes no aconselhamento de casais — quando uma pessoa lamenta uma ofensa e se arrepende genuinamente, e a outra pessoa oferece perdão, mas apenas em palavras. Nos dias, semanas e até mesmo meses seguintes, a parte ofendida não demonstra afeto, oferece palavras incisivas, ou mantém uma postura de desconfiança. Eles podem até ir aos seus amigos e contar a situação negativa para os outros em busca de empatia ou para que compartilhem de sua indignação. Mas a história de José e a vida que ele demonstrou para nós mostram-nos o que significa verdadeiramente perdoar. Há vários versículos para esta história, mas vamos lê-los todos juntos para que possamos manter o contexto das ações de José:

José não pôde mais manter a sua compostura diante de todos os seus servos, então ele gritou: "Mande todos para longe de mim!". Ninguém estava com ele quando revelou a sua identidade aos seus irmãos. Mas chorou tão alto que os egípcios o ouviram, e de igual modo a casa de Faraó o ouviu. José disse aos seus irmãos: "Sou eu, José! Meu pai ainda vive?". Mas não conseguiam responder-lhe, pois estavam aterrorizados em sua presença.

E José disse aos seus irmãos: "Aproximem-se de mim!". Disse-lhes: "Sou José, irmão de vocês, aquele que foi vendido para o Egito. E agora não fiquem preocupados ou zangados com vocês mesmo por terem me vendido, porque Deus me enviou à frente de vocês para preservar a vida. Porque a fome tem estado na terra nestes dois anos, e haverá mais cinco anos sem arar ou colher. Deus enviou-me antes de vocês para estabelecê-los como remanescentes dentro da terra e para mantê-los vivos por uma grande libertação. Por isso não foram vocês que me mandaram para cá, mas Deus. Ele fez de mim um pai para Faraó, Senhor de toda a sua família, e governante de toda a terra do Egito.

Retornem ao meu pai e digam a ele: "Eis o que diz o seu filho José: 'Deus me designou Senhor de todo o

Egito. Venha ter comigo sem demora. Pode se instalar na terra de Gósen e estar perto de mim — você, seus filhos e netos, suas ovelhas, seu gado, e tudo o que possuir. Lá o sustentarei, pois haverá mais cinco anos de fome. Do contrário, você, sua casa, e tudo o que possui será destituído'. Olhem! Os olhos de vocês e os olhos de meu irmão Benjamim podem ver que sou eu, José, que falo com vocês. Contem ao meu pai toda a minha glória no Egito e tudo o que viram. E tragam o meu pai aqui depressa".

Então José lançou os braços em torno de Benjamim e chorou, e Benjamim chorou em seu ombro. José beijou cada um de seus irmãos enquanto chorava, e depois seus irmãos conversaram com ele. (Gênesis 45:1-15).

É notável a visão geral das ações e reações de José na presença daqueles que quase lhe tiraram a vida. Traz luz sobre tantas facetas do perdão, entre elas a de como saber se você realmente perdoou alguém.

Aqui está como você pode saber que realmente perdoou alguém. Para começar, *você não traz outras pessoas que não têm relação com o erro para a situação.*

Repare como José pediu a todos para sair da sala antes de começar a falar a seus irmãos sobre o que eles haviam feito. Sempre se pode notar quando pessoas que dizem ter perdoado alguém realmente não perdoaram — *elas irão fofocar.* Envolverão pessoas no problema ou no conhecimento do problema que nada têm a ver com a questão. Incluem pessoas que tampouco conseguem resolver o problema. Isso porque elas estão buscando vingança, não perdão. Além disso, estão promovendo o pecado da maledicência.

O perdão autêntico não traz pessoas a situações e conversas que não têm relação com a questão. José deixou os egípcios lá fora. Ele não quis envergonhar nem humilhar ninguém. Ele não procurou ter os ouvidos compreensivos de outras pessoas. Ele não encontrou conforto em números que apoiassem sua posição. Ele simplesmente removeu as pessoas que não faziam parte do que estava acontecendo e abordou a questão ele mesmo.

Uma segunda maneira de saber que realmente perdoou alguém é quando *você procura fazer o ofensor sentir-se à vontade com você.*

José chamou os seus irmãos para se aproximarem dele. Normalmente, quando você ainda tem rancor contra alguém, gosta de ficar o mais longe possível. Se a pessoa entrar na sala, você vai para o outro lado. Se ela se senta à mesa, você escolhe a cadeira mais longe. José não fez nada disso. Pelo contrário, pediu aos irmãos para se aproximarem. Você consegue imaginar pedir a alguém que o feriu significativamente para se aproximar de você?

Esse pensamento por si só pode lhe causar dor ou medo. Mas o verdadeiro perdão cria um espaço em que o ofensor que se arrependeu pode vir livremente e se sentir seguro.

Uma terceira maneira de discernir se você realmente perdoou alguém é se *você também ajuda o ofensor a perdoar a si mesmo*. Reparem na passagem que vimos anteriormente, na qual José disse aos seus irmãos que não se preocupassem ou se zangassem com eles mesmos pelo que lhe fizeram. Estavam obviamente chateados com o que haviam feito e se arrependeram. No entanto, uma vez que eles haviam passado pela prova de José para saber se o arrependimento deles era autêntico, ele queria que eles perdoassem a si mesmos também. José não acrescentou culpa à culpa que já sentiam. Na verdade, ele tentou tirar a culpa deles para que pudessem se levantar e respirar livremente também.

Como José conseguiu agir assim? Isso remete à sua visão acerca da providência de Deus. Entendemos isso quando ele diz aos irmãos para não ficarem zangados por terem-no vendido. Em um piscar de olhos, ele lembra a eles que Deus o enviou para lá. Eles podem tê-lo vendido, mas Deus intencionalmente usou isso para enviá-lo àquele lugar. Foi a vontade de Deus que ele partisse. Eram apenas peças de um quebra cabeça complexo na divina providência do Senhor.

Quando você tem a visão de Deus de que Ele pode usar até mesmo a desordem para levá-lo ao seu destino, Ele permite que você ajude as pessoas culpadas a se perdoarem. Deus usou as ações erradas deles para promovê-lo onde ele quer que você esteja. Mas se você não tem essa visão de Deus, continuará buscando sua própria vingança.

Há mais uma coisa que José fez que pode nos ajudar a entender e reconhecer o verdadeiro perdão em nós mesmos e nos outros. Ele disse aos irmãos para irem para casa e dizerem ao pai que o filho dele, José, estava bem. O que ele não disse aqui é mais revelador do que suas palavras. Ele *não* disse aos irmãos para confessarem ao pai o que tinham feito. Ele *não* enviou um bilhete ao pai para denunciar ou entregar os seus irmãos. Em vez disso, José os protegeu de mais dor e vergonha. A razão pela qual ele foi capaz de fazer isso foi por realmente tê-los perdoado.

Amigo, se você está se agarrando a uma mentalidade de "toma lá, dá cá", ou se você está querendo que alguém sinta e viva sob a vergonha do que fez, você pode estar interceptando o movimento de Deus em você para o seu destino. O Senhor diz que a vingança é dele, e quando tentamos procurá-la nós mesmos, Ele permite. Nossa vingança mingua em comparação com o que o Senhor pode realmente fazer, e na verdade geralmente acaba apenas nos prejudicando.

Quando não perdoamos, Deus também nos permite permanecer presos no desvio do aprimoramento em direção à maturidade, à fé e à abnegação. E Ele permitirá que fiquemos lá até que consigamos. Até que finalmente passemos no teste. Até que finalmente amadureçamos ao ponto de confiar nos cuidados providenciais de Deus.

Lembre-se, o perdão nunca significa passar por cima de uma ofensa ou ignorá-la. José não fingiu que aquilo que os irmãos haviam feito nunca havia acontecido. Ele trouxe isso à tona em público. "*Cês* me *vendero* aqui", era o que ele teria dito se viesse de onde eu venho. "*Cês fizero* isso e *fizero* pro meu mal". Mas o fato de ele ter trazido isso à tona não significa que tenha continuado a ter maus sentimentos em relação a eles. José sabia que o que lhe acontecera teria de passar pelas mãos de Deus primeiro. Assim, ele foi capaz de reconhecer a realidade da dor passada e, simultaneamente, indicar a redenção presente.

As ajudas no caminho do perdão

Aquilo pelo que José passou foi profundo.

Traição.

Abandono.

Mentira.

Acusação.

Trabalho duro.

E muito mais.

Mas houve coisas que Deus trouxe à vida de José que o ajudaram a perdoar. Não, o que lhe aconteceu não estava certo e não era justo, mas o Senhor lhe concedeu graça no percurso. O Senhor o colocou em terra fértil para perdoar e lhe deu condições de focar nas coisas que realmente importavam.

Em Gênesis 41:50-52, temos certa perspectiva sobre o que algumas dessas coisas eram:

> Azenate, filha de Potífera, sacerdote em Om, deu a José
> dois filhos antes que os anos de fome chegassem. José

deu o nome do primogênito de Manassés, o que significa: "Deus me fez esquecer de todas as minhas dificuldades na casa de meu pai." E o segundo filho chamou Efraim, que significa: "Deus me fez frutificar na terra de minha aflição".

José pode ter perdido a sua primeira família, mas Deus lhe deu uma nova família. A família original pode tê-lo causado mal, mas a nova família lhe trouxe bonança. Sabemos isso por causa dos nomes que ele deu aos filhos. Um deles era Manassés, cujo nome apontava que Deus o havia feito esquecer todos os seus problemas. O outro era Efraim, cujo nome indicava que Deus o havia feito frutificar no mesmo lugar em que ele havia sido afligido.

A forma como José continuava a lembrar-se de quão longe Deus o havia levado e que já não era refém da sua velha família e da sua velha dor estava registrada nos nomes de seus filhos. Cada vez que José chamava Manassés — fosse para o jantar, para corrigí-lo, ou para ir à escola — ele estava literalmente dizendo: "Deus me ajudou a esquecer, Deus me ajudou a esquecer, Deus me ajudou a esquecer, Deus me ajudou a esquecer!" José expressou no nome daquela criança exatamente aquilo de que ele precisava ser lembrado por Deus.

Mas você pode perguntar: "Como posso me esquecer do que eles me fizeram?". Para começar, José nunca se esqueceu do que fizeram. Mais tarde, ele lhes disse o que fizeram. O que José esqueceu foi a dor. Ele já não vivia sob a dor. Sim, ele lembrava-se da sua antiga família, quem eram e o que haviam feito. Mas o que ele sentia acerca do que eles haviam feito era diferente. No momento em que você for de seu passado para o seu destino, procure por Manassés em sua vida. Procure o que o Senhor está lhe dando para ajudá-lo a esquecer a dor do passado. Você pode superar a dor.

Mas uma maneira de Deus ajudar José a superar a dor é encontrada no nome de seu segundo filho, Efraim. Como vimos anteriormente, *Efraim* queria dizer "Deus me fez frutificar na terra de minha aflição". Efraim lembrou a José que Deus o estava abençoando exatamente onde ele estava naquele momento. Veja, se você ficar tão preso ao passado a ponto de não conseguir ver a bondade de Deus no agora mesmo, você ficará preso na falta de perdão.

Deus tem uma maneira de abençoá-lo exatamente onde você mais experimentou a dor. José disse que "na terra de [sua] aflição" ele havia dado muitos frutos! Deus não o levou para um novo lugar e nem lhe deu um novo começo. Sem dúvida, José viu Potifar e até mesmo sua esposa de tempos em tempos. As mesmas pessoas que o deixaram apodrecer na prisão tiveram de vê-lo ser elevado a segundo no comando do Egito. Deus tem uma maneira de preparar uma mesa diante de seus inimigos e torná-los estrado sob seus pés.

Mesmo que você possa ter tido um dia muito ruim ontem, Deus sabe como lhe dar um hoje maravilhoso. Procure o Efraim que Ele está colocando em seu caminho e na sua vida. Quando você fizer surgir Manassés e Efraim e pronunciar seus nomes todos os dias, isso o ajudará a fazer cair por terra toda a dor do passado. Você não irá justificar a dor, mas a fará cair por terra. Você pode esquecer. Você pode dar frutos, em meio a pessoas com quem não esperava e em lugares que não imaginava. Em todo contexto, emprego, situação ou família, mesmo que você jamais houvesse concebido tal realidade.

É o poder do perdão. O perdão leva você até o reino do sobrenatural.

O inverso também é verdade. A falta de perdão o priva do reino sobrenatural.

Uma vez que todos nós precisamos de perdão, deixar de dá-lo a outra pessoa realmente o impede de receber o perdão relacional de Deus. *Perdão* é uma linda palavra quando você precisa dela. É uma palavra terrível quando se tem de conceder. Mas todos precisamos dos dois.

Meu caro, Deus vai recondicionar a sua dor. Ele vai recondicioná-la e transformá-la em seu propósito. Prometo, porque ele promete. Você tem um Deus providencialmente soberano que pode anular e subverter o que aconteceu com você.

Ele pode levá-lo a um destino gratificante, satisfatório e cheio de alegria, não apenas a despeito do que foi feito a você, mas por causa disso.

CAPÍTULO 11

A providência dos desvios

Um dos principais conceitos que devemos evitar é o conceito de sorte (ou os irmãos da sorte: chance, destino e acaso). Nós regularmente usamos a palavra sorte em nossas conversas diárias. Sei que às vezes a usamos inocentemente porque a ouvimos em demasia. Mas, infelizmente, ela não somente entrou em nosso vocabulário, como também em nossa mentalidade. Por ser assim, começamos a ver as coisas de um ponto de vista de sorte em vez da divina providência.

Falamos em ter sorte. Chamamos a alguém de "sortudo". Pedimos às pessoas que nos desejem sorte. Falamos de uma baita sorte, uma senhora sorte, pouca sorte, má sorte, pura sorte, falta de sorte, estrela da sorte e amuleto da sorte. Sorte é o conceito de ver eventos como coisas aleatórias que acontecem e que afetam a vida, a sina, o futuro ou o destino. É essa força inanimada que aparece inesperadamente, sem previsão — para nosso benefício ou para nosso mal. E muitos de nós abraçam essa mentalidade como uma forma primária de pensar.

Alguns chegam a ter símbolos que refletem a nossa dependência da sorte. Como a pata de coelho pendurada no espelho retrovisor. Lembrem-se, este é um coelho que teve tanto azar que nem conseguiu manter a própria pata. Mas o nosso desejo de ter essa força — que não podemos segurar, agarrar, abraçar ou até mesmo com a qual não podemos contar — domina muito do nosso pensamento. Queremos essa força conosco. Queremos ter a sorte do destino. Mas quando você olha para a sorte, olha para um ídolo. Sempre que você ou eu olhamos para algo, alguém, ou alguma força que não seja o próprio Deus para que resolva as coisas para nós, essa coisa se torna um ídolo. Torna-se uma ferramenta usada por Satanás para mover sua fé, esperança e confiança para longe de Deus e para o acaso.

Desvios são frustrantes. Desvios são irritantes. Muitas vezes os desvios geram até mesmo confusão. Mas muitas pessoas frustradas, irritadas e confusas hoje estão tentando conseguir sorte em seu caminho e destino, em vez de procurar pelo o que Deus está fazendo no desvio para levá-los até lá. Elas esperam que, se simplesmente encontrarem forças positivas suficientes, isso irá de alguma forma produzir um conceito maleável que fará a vida ser como eles querem que seja.

José não visualizou a saída da prisão. Não há nenhum relato dele meditando para que saísse ou usando afirmações positivas para escapar. A Bíblia não nos diz que ele se sentou lá na prisão repetindo vez após outra: "Sou um homem livre, sou um homem livre, sou um homem livre".

O pensamento positivo, no entanto, encoraja a mente e o espírito, e é saudável tê-lo. Mas quando você coloca a sua fé no cerne do poder de sua própria mente para resolver o seu destino, você também se torna seu próprio ídolo.

O que lemos sobre o tempo de José na prisão se concentra mais em Deus do que em José. Diz-nos:

» O Senhor estava com José (Gênesis 39:21,23).

» O Senhor o tratou com bondade (v. 21).

» O Senhor lhe concedeu favor (v. 21).

» O Senhor fez prosperar tudo o que ele fazia (v. 23).

Foi Deus quem tirou José da prisão.

Foi Deus quem deu um emprego a José.

Foi Deus quem mostrou contenção para que as coisas não caminhassem rápido demais enquanto o caráter de José estava sendo moldado.

Foi Deus quem viu o fim desde o início e orquestrou tudo o que era necessário para levar José pelos desvios que o guiaram diretamente a um destino de proporções épicas. De fato, quando Estêvão revê a vida de José no livro de Atos, ele dá o segredo de seu sucesso quando diz: "Mas Deus estava com ele" (Atos 7:9).

Foi Deus quem organizou as circunstâncias sempre e em última análise em favor de José. Mas a palavra que usamos quando nos referimos ao controle soberano e composição da vida pertencente a Deus não é sorte. É outra palavra — uma palavra pontuada pela verdade e postulada pela precisão. Essa palavra é providência. A providência é a mão de Deus na luva da história.

A providência é uma das coisas mais importantes que você precisa conhecer em sua experiência cristã. A primeira coisa mais importante, é claro, é o evangelho. Você precisa saber como chegar à fé em Jesus Cristo para o seu destino eterno mediante o perdão de seus pecados. É a coisa mais importante a se conhecer.

Porém, seguindo a verdade da salvação, a segunda coisa mais importante que você deve conhecer em sua vida cristã é o conceito da providência. Em 1 Timóteo 6:15 somos lembrados de que Deus é o governante de todos e promove tudo em seu tempo perfeito. Lemos que "Ele trará no momento apropriado aquele que é o Abençoado e único Soberano, o Rei dos Reis e Senhor dos senhores".

> *Porém, seguindo a verdade da salvação, a segunda coisa mais importante que você deve conhecer em sua vida cristã é o conceito da providência.*

A soberania de Deus significa que Ele é o governante absoluto, controlador e sustentador de sua criação. Ele é quem tem a última palavra. Nada, absolutamente nada, está fora da soberania de Deus. Não há eventos sobre os quais ele não governa. Não há situações que aconteçam que ele não crie ou permita.

Seu chefe não tem a última palavra.

Seu amigo não tem a última palavra.

Seus pais não têm a última palavra.

Sua saúde não tem a última palavra.

Tampouco você tem a última palavra. Deus criou este mundo e tudo o que está dentro dele, e Ele governa sobre todos.

Providência é uma palavra que expressa uma das principais maneiras de Deus demonstrar sua soberania em conexão com sua composição intencional de pessoas, de circunstâncias e de eventos para alcançar seus propósitos soberanos. A soberania é a regra de Deus. A providência é como Deus usa essa regra para integrar, conectar, anexar, separar, organizar e ligar as coisas para facilitar seus propósitos. A Bíblia é clara quando diz que Deus faz todas as coisas "segundo o conselho de sua vontade" (Efésios 1:11). A Escritura afirma inequivocamente que os planos de Deus não podem ser frustrados. Portanto, à luz desta verdade, uma realidade que nunca pode existir é a coexistência de soberania e sorte. As duas nunca podem ser misturadas. Quando existe um Deus soberano que controla todas as coisas, você também não pode ao mesmo tempo ter eventos aleatórios (de sorte) que moldam as coisas. Um exclui o outro.

O que você pode sentir ser sorte ou chamar de sorte nunca é sorte. Assim como as trevas não podem permanecer onde há luz, a sorte não pode existir dentro do governo de um Deus criador soberano e providencial.

Ao longo deste livro vimos que a vida de José continha muitos altos e baixos. Ele está vestido com uma túnica multicolor em um dia e nu em um poço no dia seguinte. Ele tem um ótimo emprego num dia e é acusado de tentativa de estupro no dia seguinte. Ele está em uma prisão, esquecido por alguém que ele ajudou num dia, e bem barbeado, asseado, e de pé diante de Faraó no palácio no dia seguinte.

A vida de José pode parecer uma montanha-russa em vários níveis diferentes. Se usássemos o conceito de sorte, pareceria que este é um homem de grande e má sorte. No entanto, quando entendemos o conceito de providência, sabemos que todas as coisas foram postas em prática para *cooperarem para o bem* na vida de José — todas as coisas (Romanos 8:28).

O que pode ter parecido má sorte um dia foi, na verdade, o fato de que Deus cumpriu o seu propósito em conduzir José ao seu destino. Não sabemos quando José aprendeu essa verdade ao longo de seus desvios, mas sabemos que ele aprendeu em algum momento. Sabemos isso mais tarde em sua vida pela sua resposta aos seus irmãos — aqueles que o atiraram para a morte no poço.

Em uma das mais profundas e eloquentes declarações pessoais de todos os tempos, José deixou claro que entendia a providência: "Quanto a vocês, quiseram o mal contra mim, mas Deus quis fazer o bem, a fim suscitar este presente desfecho, para preservar a vida de muitas pessoas" (Gênesis 50:20). Em outras palavras, Deus fez isso de propósito. O que parecia ser um dia de má sorte foi na verdade Deus cumprindo o seu propósito de conduzir José ao seu destino.

Meu caro, se você em algum momento entender a providência — o subconjunto da soberania —, você começará a ver toda a vida de forma diferente. Você vai começar a descansar quando costumava temer. Você vai começar a respirar facilmente quando costumava se preocupar. Você vai começar a dar graças quando costumava estar cheio de amargura ou arrependimento. Para viver plenamente a vida cristã vitoriosa e experimentar a abundância da provisão para a qual Jesus Cristo morreu, você deve viver e olhar para os eventos de sua vida através da lente da providência.

Não sei se você é um especialista na área de geometria, trigonometria, álgebra, ou mesmo de frações básicas. Mas você pode apostar seu último tostão nisto: todas essas coisas repousam em um princípio simples — que um mais um é igual a dois. Se você não entender os fundamentos da matemática direito, como base para todo o resto, você nunca será capaz de entender as coisas mais complicadas, como cálculos geométricos. Todas as complexidades da matemática se encaixam firmemente na fundamentação.

A vida pode parecer trigonometria às vezes. Pode parecer uma prova geométrica difícil. As coisas podem ficar tão complicadas que não fazem sentido. Porém, se você começar com o fundamento de que Deus é soberano, e em sua soberania ele providencialmente organiza todas as coisas para realizar seu objetivo, então você tem o fundamento sobre o qual resolver corretamente as complexidades que a vida põe em seu caminho. O que você, eu e outros podemos ver como eventos aleatórios, encontros casuais ou conexões arbitrárias são, na verdade, eventos orquestrados tanto no propósito quanto no plano de Deus. Deixe-me colocar de outra maneira — esta coisa misteriosa chamada providência significa que Deus é quem dirige o carro da história. Às vezes, Ele nos coloca na autoestrada principal. Outras vezes, em um beco. Às vezes, parece que estamos indo na direção errada em uma rua de sentido único. Mas seja qual for o caso, as intenções de Deus são imaculadas, e seus planos são providenciais.

Nem todos os desvios ocorrem nas principais vias da vida, e a providência de Deus não está apenas ligada às coisas principais que nos acontecem. Podemos reconhecer sua mão nas coisas grandes mais facilmente, mas o Senhor está intimamente envolvido nas coisas pequenas também. A soberania é tão completa, e a providência tão intrincada, que é delicadamente engendrada através de cada detalhe da vida. Mateus 10 nos diz que Deus sabe o número de fios de cabelo da sua cabeça e até se você perde um. Ele conhece todos os pardais que caem de uma árvore. É fácil ver o Diabo nos detalhes, às vezes, mas o que ajudaria nossa perspectiva e nossas respostas à vida seria reconhecer que Deus está, ainda mais, presente neles. Na verdade, o Diabo pode ser ruim, mau e querer magoar alguém. Mas até ele teve de pedir

A providência dos desvios

permissão antes de intervir na situação de Jó. O Diabo está sob uma coleira — a coleira de Deus, debaixo da mão soberana de Deus. Os irmãos de José, e até mesmo o Diabo, podem ter pensado que estavam frustrando a visão que José tinha sobre sua grande posição em seu sonho quando era adolescente. Mas o que eles destinaram para o mal foi usado por Deus para o bem.

O que pode abalar você não abala Deus. Soberania significa que Deus nunca diz: "Opa, errei". Ele não diz isso porque Ele está no controle das coisas grandes e pequenas, então nada o surpreende, mesmo que nos surpreendam em nosso pensamento finito. Romanos 11:33 nos lembra que os caminhos de Deus são "inesgotáveis". Você não pode procurar no Google a providência ou os planos dele. Você não pode ir ao seu computador e digitar as palavras "caminhos de Deus para a minha vida" e ter os detalhes de como ele está fazendo o que ele planeja fazer com você. Os caminhos de Deus estão além de nossa capacidade de compreensão.

Então, não se surpreenda quando Ele não faz as coisas com um sentido lógico. Ele não tem de fazer. Os seus caminhos não são os nossos caminhos, e os seus pensamentos são mais altos do que os nossos pensamentos. Eles estão tão longe quanto o céu está da Terra. O abismo entre o nosso pensamento e o pensamento de Deus é infinito. Não conseguimos percebê-lo. Ele é o Deus *indecifrável*.

A única coisa que podemos descobrir é o que ele decide nos dizer. Assim como um pai não compartilha todas as coisas com os filhos que está criando, Deus não compartilha tudo conosco. A forma como ele redireciona providencialmente, ajusta, move, manobra, e conduz está além da nossa capacidade intelectual de entender, decifrar ou discernir. É por isso que a fé é tão importante no processo de seguir a Deus. Ele nos pede para confiar nele, porque como José acorrentado atrás de um camelo caminhando pelo deserto, a vida nem sempre parece andar da maneira que pensamos rumo ao nosso sonho.

É impossível agradar a Deus além da fé, porque a fé é o selo da providência. Se você está em um desvio que parece tê-lo levado a outro desvio, que consequentemente reencaminhou você para outro desvio, tenha fé. Acredite e obedeça. Permaneça na corrida. Permaneça na estrada. Permaneça no carro. Deus tem uma maneira de levá-lo, como levou José, ao palácio ou ao lugar que ele destinou para você.

Confie nele, você pode estar mais perto do que pensa.

CAPÍTULO 12

A perfeição dos desvios

Destinado. A palavra pode ser definida como o particípio passado de "destinar" que é *a intenção para um propósito específico, uma destinação.* Você provavelmente já ouviu alguém dizer algo que não deveria ter dito ou fazer algo inapropriado, mas alguma outra pessoa tentou acobertá-los sob a justificativa de que "eles tinham boas intenções".

O que eles estavam dizendo é que mesmo que aquilo que pessoa disse ou fez tenha criado uma realidade negativa, essa não era a intenção. Seus motivos eram nobres.

Mas esse não foi o caso dos irmãos de José quando lhe tiraram a túnica e o lançaram em um poço. Também não foi esse o caso quando eles o arrancaram do poço para vendê-lo por um certo valor a comerciantes de escravos que se dirigiam para uma terra estrangeira.

Os irmãos de José queriam tudo menos o bem. Queriam fazer mal a ele. Queriam arruinar-lhe a vida. Queriam destroná-lo da posição de importância que ele havia acreditado que um dia ocuparia. Eles tinham má intenção. Na verdade, desejavam fazer o mal.

Exceto Deus.

Essas são duas palavras poderosas. Quando você se deparar com "mas Deus" nas escrituras, preste atenção. O que vem depois normalmente muda todo o curso. Especialmente quando a palavra seguinte é "transformou".

Mas Deus transformou...

Lemos: "quanto a vós, planejastes o mal contra mim, mas Deus o transformou em bem, a fim de suscitar o desfecho presente, para preservar a vida de muitas pessoas" (Gênesis 50:20). Quando José confrontou seus irmãos depois que Deus havia mudado sua situação, ele escolheu essas palavras. Ele escolheu deixar que seus irmãos soubessem que exatamente aquilo que eles planejaram para o mal era a mesma coisa que Deus tinha usado para trazê-lo ao seu destino. Não quero que você deixe isso passar, pois muitas vezes quando pensamos em Deus trabalhando as coisas para o bem, pensamos sobre ele trabalhando em torno das coisas negativas. Mas nesse caso, Deus nos dá um exemplo de sua ação diretamente *dentro* da situação negativa.

A perfeição dos desvios

Os irmãos de José intentaram o mal. Deus, no entanto, usou para o bem o mal que eles haviam planejado. O caos que os irmãos de José planejaram para o mal é o mesmo caos que Deus planejou para o bem. Se alguma vez alguém fez algo com a intenção de magoar você, essa é uma boa notícia. É reconfortante saber que, quando nos submetemos aos planos de Deus, até mesmo as pessoas más que planejam contra nós são usadas por Ele para o bem. A providência considera o uso do mal para fazer o bem. A soberania de Deus não diz respeito apenas a coisas boas, mas também inclui o mal e o que as pessoas pretendem com ele.

Isso pode parecer um golpe na forma como você vê as situações dolorosas, mas é assim que funciona.

Uma vez que Deus é soberano, nada acontece fora de seu governo. Mas dentro de seu governo Ele criou a liberdade. *Liberdade* significa "poder de escolha". Não há liberdade sem escolha. Você é livre para dizer "sim" ou "não". Você pode ir ou pode ficar. Deus criou a liberdade. Mas como pode um Deus soberano ter o controle de tudo e ainda assim criar a liberdade? Permita-me explicar isso por meio de uma ilustração do futebol.

No futebol, as linhas laterais e as linhas do gol servem como limites soberanos. Elas não se movem nem podem ser relativizadas. É impossível torná-las mais largas ou mais estreitas. A forma como elas são estão de acordo com os padrões estabelecidos para o jogo de futebol. Ultrapassar uma linha lateral é o mesmo que estar fora dos limites. Ponto final. Porque isso é um limite.

Mas dentro desses limites, os times são livres para fazer as suas próprias jogadas. Podem executar uma boa ou uma má jogada. Podem ganhar ou perder campo. Eles são livres para jogar dentro dos limites estabelecidos pelo jogo.

Deus é soberano nos limites que estabeleceu para nós. Mas, dentro desses limites, Ele nos dá liberdade para fazer o bem ou o mal, para estar certo ou errado, para planejar o mal ou ter boas intenções. Embora a liberdade não cause o mal, ela permite que ele aconteça. Deus, no entanto, limita o quão livre podemos entrar em sua conexão providencial de todas as coisas. A providência é Deus causando ou permitindo que as coisas aconteçam para seus propósitos. Isso não quer dizer que Ele endossa o mal ou o pecado, mas sim que Ele o redime. Ele redime a má intenção de alguém que pode ter magoado você de propósito, intervindo em você a fim de converter essa ação ao seu favor. A mão misericordiosa de Desus usará para o bem o que foi feito para o mal. Ele até mesmo usará o mal para cumprir o seu propósito, como vimos com José.

A Escritura nos diz que Deus até mesmo endureceu o coração de Faraó até que Faraó expulsasse os israelitas do Egito. Ele tomou o mal no coração de Faraó e permitiu que fosse ainda pior, a fim de cumprir o seu propósito de libertar o seu povo daquele lugar. Deus é tão bom em seu trabalho providencial de vincular coisas e organizá-las para realizar a sua vontade que pode até mesmo usar o diabo para ajudar um irmão. Ele pode até mesmo usar um inimigo seu para levar, moldar, desenvolver, fortalecer, ou redirecionar você para o seu propósito e destino.

A perfeição dos desvios

Deus até usa Satanás para realizar isso como usou no caso de Jó, de Pedro e até mesmo de Jesus.

Apesar da ascensão dos smartphones, as pessoas ainda usam relógios. Ainda uso um relógio mesmo que eu pudesse olhar para o meu telefone sempre que eu quisesse ver horas. Mas é um hábito olhar para o pulso quando se quer saber as horas. Você olha o visor de seu relógio, porque é isso que lhe mostrará a hora. Mas a única razão pela qual você pode ver a hora no visor de seu relógio é o que está dentro dele. Se você abrisse seu relógio, veria uma miríade de partículas e pecinhas minúsculas interligadas e inter-relacionadas de alguma forma. Essas peças se unem na ordem correta para que você possa ver no lado de fora do relógio que horas realmente são. Mas não se pode ver as horas olhando para as engrenagens.

A vida é muito parecida com um relógio. Às vezes vemos a superfície; às vezes vemos pequenas peças individuais. Mas nunca vemos tudo. Há muito mais acontecendo nos bastidores, por baixo do capô, por trás da cortina, em lugares e em pessoas que nunca poderíamos ver. Quando você está lidando com a providência de Deus, você nunca vê tudo o que há para ser visto. Na verdade, as coisas que você vê muitas vezes não se conectam. Pode dar a impressão de que há partes que não parecem relacionar-se umas com as outras. Isso porque Deus está sempre fazendo mais do que uma coisa de cada vez; ele está fazendo cinquenta milhões de coisas ao mesmo tempo.

Em certas ocasiões, quando não conseguimos ver o que Deus está fazendo, achamos que nada está sendo feito. Outras vezes, Deus parece estar dormindo quando deveria estar acordado. Ou o telefone dele está ocupado, e Ele não pode ouvir as nossas orações. Às vezes, se admitirmos, parece que Ele saiu de férias e nos deixou em um desvio por muito tempo.

Pode até parecer mais do que umas férias. Para José, se fizéssemos as contas, seriam vinte e dois anos até que ele pudesse cumprir o seu destino. Desde os dezessete anos de idade até o momento em que se pôs diante de seus irmãos, e estes ajoelhados diante dele, como José tinha visto em sua visão, vinte e dois anos haviam se passado. José é um verdadeiro lembrete de que raramente chegamos ao nosso destino da noite para o dia.

Pouquíssimas pessoas chegam rapidamente ao propósito pretendido por Deus para a sua vida. Leva tempo não só para aprimorar você para o seu destino, mas também para aprimorar o seu destino para você. Deus é o mestre tecelão, e as coisas raramente são como parecem. É por isso que é tão crucial andar por fé e não por vista.

Alguma vez você viu uma orquestra quando os músicos estão se preparando para tocar? Todos os instrumentistas estão aquecendo ao mesmo tempo, e parece o caos. Parece que ninguém no palco sabe tocar. Isso acontece porque todos os diferentes sons parecem completamente confusos. Falta harmonia.

Então, de repente, do nada, um maestro aparece. Ele está em pé, confiante e centrado diante dos músicos. Então ele ergue sua batuta ligeiramente. E ao fazê-lo, todos que tocavam seus instrumentos de seus lugares se sentam corretamente e olham diretamente para ele. Então, quando ele bate a batuta algumas vezes

A perfeição dos desvios

e começa a sacudir sua mão, o que antes parecia ser o completo caos passa a fazer sentido. Os sons aleatórios e confusos que anteriormente poluíam o ambiente de repente se transformam em uma bela e poderosa canção harmoniosa.

Meu caro, se você sente que a sua vida está um caos, com tantos ruídos desarticulados e confusos, não saia do auditório antes que a sinfonia cresça. Não abandone a sua fé. Espere que o Maestro apareça, porque quando o momento for perfeito, Ele trará harmonia à dissonância. Ele vai aparecer e transformar uma desilusão em um destino.

Não há muito tempo eu estava em meu escritório na igreja quando um de nossos membros veio para uma reunião rápida. Vínhamos conversando por alguns instantes antes da reunião de fato acontecer, e, pra jogar conversa fora, perguntei-lhe como estava o seu trabalho. Eu sabia que ele havia terminado o mestrado não muito antes, e então eu estava curioso sobre como as coisas estavam indo para ele.

"Fui despedido a semana passada", disse ele.

"O quê?" Perguntei, chocado com o que acabara de ouvir. Esse homem estava nesse trabalho há mais de cinco anos. O trabalho lhe havia proporcionado um ambiente estável para prosseguir com o mestrado, enquanto ainda cuidava de sua esposa e filha. Mas agora, do nada, devido à recessão econômica, a empresa para qual ele trabalhava estava contendo gastos.

"Sim", disse ele, com ar desanimado. "Pastor, eles fizeram cortes, e eu fui um dos despedidos, e eu tenho um bebê novinho em folha a caminho. Não é um bom momento para nós, como família, perdermos o meu emprego."

Tentando transformar a conversa em algo positivo, perguntei-lhe que tipo de coisas ele queria fazer. Talvez eu conhecesse alguém a quem pudesse indicá-lo.

Seus olhos brilharam um pouco e ele respondeu: "Bem, agora que terminei meu mestrado em mídia no seminário, realmente espero entrar nesse ramo de alguma forma, com base em meu treinamento e minhas paixões. Mas encontrar um emprego como esse pode levar algum tempo, por isso, agora, apenas preciso arranjar um emprego para poder cuidar da minha mulher e dos bebês".

Enquanto ele falava, eu não conseguia acreditar no que estava ouvindo. Pois um empregado nessa mesma área havia pedido demissão naquela mesma semana no nosso ministério nacional.

Agora, devo dizer que essa é uma posição que apenas foi disponibilizada *talvez* uma vez em cada década, e mas dessa vez ela estava sendo aberta na mesma semana em que esse homem havia sido demitido de seu trabalho, agora com um diploma e um desejo, e na mesma área da qual ele havia sido demitido.

Os dois homens não se conheciam. Não havia qualquer ligação entre eles. Um pediu demissão. O outro foi demitido. E por sorte — quero dizer, por acaso —, tá bom, pela providência, Deus o fez entrar em meu escritório para uma reunião sobre um pequeno projeto que a minha filha lhe tinha pedido que se voluntariasse, tudo isso na mesma semana em que o cargo havia sido disponibilizado. E por meio desse mesmo Deus providencial, fui chamado a lhe perguntar como estavam indo as coisas no seu trabalho. Dentro de uma ou duas semanas, no máximo, ele foi contratado. E tem sido uma ótima opção, tanto para nós como para ele.

Você pode chamar isso de sorte, acaso ou casualidade se preferir. Mas não estaria chamando pelo nome certo. Porque essa era a mão providencial de um Deus soberano alinhando todas as pessoas no momento exato para a conexão certa acontecer.

Quando você entende a providência, você começa a olhar para ver o que Deus está fazendo. Comece a abrir os olhos para ver onde Ele se move. Você começa a operar em um nível diferente de compreensão quando observa os padrões da condução providencial de Deus.

Se você é um confeiteiro, você sabe preparar um bolo. Você sabe que nenhum dos ingredientes individuais seria tão saboroso por si só. Ninguém sentaria e comeria um pedaço de manteiga. Tampouco pegaria um punhado de açúcar na mão e colocaria na boca. Você não encheria uma colher de farinha para depois colocá-la na boca. Ninguém faz isso. E a razão pela qual ninguém faz isso é porque, por si só, cada ingrediente é desagradável. Os ovos crus são simplesmente desagradáveis.

Mas quando tudo é misturado de acordo com uma boa receita, por um chef de cozinha, e assado no forno, o que se tem é uma obra-prima. Isso porque todas as coisas estão agora trabalhando em conjunto para o bem do bolo.

Pode parecer que sua vida está em pedaços diante de Deus neste momento. Você não pode ver como, ou por que, qualquer um deles pode ser muito bom. Não parece haver uma ligação real com muita coisa acontecendo. A demora é amarga. As decepções deixam um gosto ruim na boca. Mas quando você permitir que Deus, em seu cuidado providencial, misture tudo de acordo com seus propósitos e planos, todas as coisas trabalharão juntas para o nosso bem. Eu prometo. E a razão pela qual posso fazer essa promessa é porque Deus diz isso em sua Palavra. É um versículo que você provavelmente ouviu tantas vezes que ele pode ter perdido o seu impacto, mas se você deixar a verdade dele realmente penetrar, ele pode mudar toda a sua vida.

"E sabemos que Deus faz com que todas as coisas trabalhem juntas para o bem daqueles que amam a Deus, daqueles que são chamados segundo o seu propósito" (Romanos 8:28). E esse bem estará sempre semelhante à imagem de Cristo (v. 29). Pois Deus não está apenas preocupado com a nossa libertação circunstancial, mas está preocupado com o mais importante, o nosso desenvolvimento espiritual. Para isso, ele vai usar todas as coisas trabalhando juntas para o bem.

Mesmo aquelas coisas que os outros podem ter planejado para o mal.

Todas as coisas significam *todas* as coisas.

CAPÍTULO 13

A perspectiva dos desvios

 Um empregador enviou um memorando a todos os empregados informando que receberiam um bônus de Natal. Em termos financeiros, o ano havia sido bom para a empresa, e então ele queria dar a eles algo especial. Ele escreveu assim: "Apenas uma coisa, depois de receber o bônus, quero que todos façam uma contribuição para uma obra de caridade em particular da qual participo. Você pode contribuir com qualquer quantia que quiser, mas você deve fazer alguma contribuição para essa obra. Eu também gostaria da participação de todos os funcionários da empresa".

A notícia que se espalhou para os funcionários era que o empregador queria que todos participassem na contribuição para a caridade que ele escolheria. Mas um empregado se recusou, alegando que seu bônus de Natal pertencia a ele, e ele não contribuiria para a obra de caridade designada. Quando o dono da empresa descobriu que esse empregado se recusou a aceitar o seu pedido, chamou-o em escritório.

Uma vez em seu escritório, o empregador perguntou se era verdade que ele não iria participar da contribuição à obra de caridade com uma parte do que receberia do bônus. O empregado respondeu: "Sim, está correto. Não vou contribuir".

"Mas você entende que eu estava querendo a adesão cem por cento da empresa nisso?", o chefe perguntou.

"Sim, entendo", respondeu o empregado teimoso. "Mas não quero ser forçado a dar a essa obra, por isso não vou contribuir."

O chefe inclinou-se para trás em sua cadeira, escolheu cuidadosamente suas palavras e então disse: "Isso me dá duas opções, então. A opção número um é convencê-lo a mudar de ideia para que eu possa ter cem por cento de participação na contribuição à essa caridade. A opção número dois é demitir você para que eu tenha então os cem por cento de contribuição a essa obra de caridade. Vou deixar que você escolha, mas vou ter cem por cento de participação nessa obra".

Ao que o empregado logo respondeu: "Bem, ninguém realmente me explicou dessa maneira antes. Então, vou contribuir".

A perspectiva trará sabedoria aos nossos caprichos e clareza às nossas escolhas. Ela nos dá discernimento entre os nossos desvios e as nossas distrações.

A perspectiva dos desvios

Nem tudo o que nos tira do caminho é de autoria divina. Algumas coisas são distrações. São coisas que nos afastam de nosso destino, mas não têm qualquer propósito de nos desenvolver rumo ao que fomos designados. Essas coisas poderiam ser pessoas, lazeres, pensamentos, ou mesmo trabalho que não está alinhado com o propósito de Deus em nossa vida. A perspectiva irá ajudá-lo a obter a visão para ver o que é um desvio planejado por Deus e o que é uma distração que você simplesmente precisa ter coragem de abrir mão dela e seguir em frente.

Muitos de nós estão esperando o nosso tempo chegar, quando alcançaremos o pleno potencial de nosso desígnio divino, quando alcançaremos esse lugar pra onde Deus está nos levando a fim de obter o nosso maior bem, trazendo-lhe a excelsa glória, e expandindo ao máximo o seu reino.

O destino envolve a união destas três coisas — o seu *bem*, a *glória* de Deus, e *o avanço do seu reino* por meio do impacto sobre os outros. Apenas quando você tem a verdadeira perspectiva do destino você pode vivê-lo completamente. Se você não está interessado na glória de Deus ou no reino dele porque no momento está interessado apenas no seu próprio bem, então você não está pronto para ser unido com o seu destino. Deus quer cem por cento de participação no programa de seu reino, mas participa ou não é uma escolha sua.

Nessa jornada para o destino, você pode atrasá-la ou acelerá-la, tudo vai depender da forma como você responde aos desvios que Deus coloca em sua vida, a fim de aprimorar você — e às distrações das quais você simplesmente precisa abrir mão.

Muitos dos que estão lendo este livro estão esperando Deus fazer alguma coisa. Você está esperando que a mudança chegue. Talvez você esteja em uma situação na vida em que você com frequência diz: "eu não pedi por isso".

Talvez você não tenha escolhido continuar solteiro, ou ser deixado pelo cônjuge para cuidar dos filhos por conta própria.

Talvez não tenha se candidatado para uma relação infeliz.

Ou para ficar preso a um trabalho que não traz satisfação e que mal serve para pagar as contas.

Pode ser que você esteja em uma difícil situação de saúde ou tenha perdido um ente querido e está lá estático dizendo: "eu não pedi por isso. Não queria que a minha vida fosse assim". Apesar de crer em Deus, pedir a Deus, clamar a Deus e buscar a Deus para seguir em frente, você ainda está preso pensando quando você vai chegar ao seu destino.

Se esse é você, o que quero que saiba como um crente em Jesus Cristo é que você tem um destino. E muitas vezes, você está mais perto dele do que imagina. Passe no teste. Não jogue a toalha. Responda da maneira certa quando for maltratado. Faça o bem. Defenda os indefesos. Honre a Deus. Cresça na fé. Confie. Espere. E antes que você perceba, o seu destino de repente terá chegado para você. Mas sim, essas coisas são muitas vezes difíceis de fazer. Por isso, lembrem-se disso: enquanto você vagueia pelos desvios em direção ao desígnio divino destinado a você, o que permitirá que você continue, apesar das circunstâncias da vida, é ter a perspectiva certa.

A perspectiva dos desvios

Perspectiva é a forma como algo é visto. É como o rapaz que perdeu a lente de contato e a procurou por trinta minutos. Ele não conseguiu localizá-la mesmo depois de todo aquele tempo, até que sua mãe entrou no quarto e lhe perguntou o

> *Perspectiva é a forma como algo é visto.*

que ele estava fazendo. Um minuto depois de procurar a lente de contacto, a mãe dele a encontrou. "Como você a encontrou tão rápido?", o rapaz perguntou.

"Não estávamos procurando a mesma coisa", respondeu a mãe dele. "Você estava procurando uma lente de contato. Eu estava procurando 150 dólares."

Uma grande diferença. E é encontrada em perspectiva.

A perspectiva não afeta apenas o que você vê, mas também o que você faz. É por isso que é fundamental ter a perspectiva certa enquanto persegue o seu destino. Especialmente quando se está em um desvio.

Quando você está em um lugar onde ainda não pode atingir o seu patamar ideal, você precisa saber como ver as coisas. Você pode se sentir distante do propósito, da paixão e da paz. Mas, às vezes, quer você perceba ou não, você está apenas a um passo de distância.

Uma das coisas que tenho medo de fazer é andar na esteira. Nunca me animei para andar na esteira. Andar rápido e suar enquanto não vai a lugar algum — sem abranger absolutamente nenhum território — não é bem a minha ideia de como passar a minha vida. Sou alérgico ao tédio, e o tédio é tudo o que uma esteira tem para me oferecer.

É por isso que se alguma vez você me encontrar em uma esteira, também vai me encontrar vendo televisão. Esse cenário é tão comum que, em quase todas as academias do país hoje, você vai encontrar televisões já embutidas no equipamento de exercício ou penduradas na parede mais próxima. Isso é porque a maioria das pessoas sente o mesmo que eu. Exercício em uma esteira não é assim tão divertido.

O que a televisão faz no processo de nos ajudar no exercício? Muda o nosso foco enquanto agimos. Faz-nos olhar para algo diferente da angústia que sentimos naquele momento. Quando você está se concentrando na televisão enquanto agoniza na esteira, não remove ou reduz o esforço que você está empenhando, mas sim permite que você o suporte melhor. Isso acontece porque outra coisa chamou a sua atenção e agora tem a sua perspectiva.

Enquanto você se contorce rumo ao seu destino, meu caro, quero compartilhar com você aquilo que irá levá-lo ao longo de altos, baixos, reviravoltas, curvas — permitindo-lhe subir as ladeiras e descer os caminhos, no bem e no mal que você enfrenta — para que você possa chegar ao destino pretendido de Deus. A chave para o seu sucesso espiritual é o *foco*.

O segredo de José para chegar ao seu destino foi que ele se recusou a deixar Deus fora da equação. Mesmo no mais profundo e escuro poço da prisão, o Senhor estava com José. Ainda

A perspectiva dos desvios

que José servisse as mais vis das pessoas no sistema prisional, Deus prosperaria tudo o que José fizesse. Enquanto José vivia como escravo na casa de um alto oficial, o Senhor abençoou as obras das mãos de José.

Repetidas vezes lemos na história de José que o Senhor estava com ele. Mesmo quando finalmente se apresentou diante de Faraó — e se havia um momento certo para se autopromover a fim de livrar-se da masmorra, era esse —, José submeteu a Deus todas as coisas. "Não sou eu que responderei a Faraó", disse ele com a mesma ousadia com que uma vez disse aos seus irmãos que um dia eles se curvariam perante ele. O próprio Deus dará uma resposta favorável a Faraó (Gênesis 41:16).

Cada vez que vemos José, sem dúvidas, vemos Deus também. Deus nunca foi como um Deus "esporádico" por José. Deus não era apenas um amigo oportuno ou um recurso. Nada aconteceu na vida de José que Deus não permitisse, aprovasse e revelasse. Na verdade, quando confrontou seus irmãos a fim de livrá-los da culpa da injustiça que cometeram contra ele, José invocou o nome de Deus cinco vezes, revelando o envolvimento de Deus em seu desvio rumo a um destino (Gênesis 45:5-9). Isto não está nas Escrituras, mas imagino que uma das razões pelas quais Deus estava com José foi porque José estava com Deus. José não perdeu Deus de vista. José não desistiu do sonho. José não olhou para as circunstâncias. A Bíblia nos diz que "abençoados são aqueles que têm um coração puro, pois eles verão a Deus" (Mateus 5:8).

Nem todos podem ver Deus. Nem todos têm o privilégio de viver uma vida de confirmação e direção atentas e claras de Deus. Nem todo mundo experimenta o favor de Deus, seja em um cenário difícil, ou um aparentemente abençoado. A pureza não se refere à perfeição — refere-se à ausência de distração, também conhecida como uma mancha. Quando o seu coração estiver aberto para Deus, os seus olhos também estarão.

Há um indivíduo em nossa igreja que parece receber mais sinais e confirmações do Senhor do que qualquer outra pessoa que já conheci. É quase como se essa pessoa e o Senhor vivessem como amigos íntimos com conversas diárias de intimidade. Essa pessoa não é perfeita, mas essa pessoa tem uma pureza implacável de coração para com Deus como poucos que já vi. Assim, quando Deus fala, podemos ouvir a sua voz. Quando Deus age, podemos ver o seu agir. Quando Deus confirma, Ele o faz com clareza. É como estar em consonância com o próprio Rei. Como resultado, o favor de Deus é testemunhado praticamente em toda parte.

José experimentou um nível de comunicação e favor da parte de Deus totalmente diferente de muitos outros. Mas não acredito que seja porque Deus forçou José. Em vez disso, o coração de José acreditava puramente nas promessas de Deus, e sua perspectiva foi o padrão que o Senhor usou.

Se você levar Deus a sério, você nunca poderá ser uma vítima de suas circunstâncias porque elas não seriam suas circunstâncias sem que Deus permita que elas sejam usadas para levar você ao seu destino. Quando o inimigo é capaz de remover a consideração de Deus em você por meio das circunstâncias, particularmente se é uma circunstância negativa, ele conseguiu adicionar atrasos aos seus desvios. Se Satanás pode manter Deus fora da equação de compreensão que você tem, você perderá a perspectiva sobre a esteira da vida e verá apenas verá o esforço da subida.

Deus era a soma total da vida de José.

Ao longo da história de José, Deus sempre foi a referência, independentemente das circunstâncias. Deus está para nós como o oceano está para uma pequena pedrinha, assim como tudo o que está em volta dela. O oceano engloba totalmente a pedra, assim também devemos reconhecer que Deus está nos cercando totalmente. Em vez de tomar um comprimido ou puxar um cachimbo, encha-se completamente de Deus e tenha paz. A coisa que marcou José além de tantas outras foi que sua vida foi selada pela presença de Deus.

José não tinha credenciais para chegar aonde precisava.

Ele não tinha o currículo que lhe habilitaria para ser aquele que salvaria toda uma nação, ou duas, ou dez, da fome.

Ele não tinha nenhum contato pessoal, político, relacional, ou mesmo alguém importante a quem pudesse recorrer.

Não era possível "mexer os pauzinhos" ou conseguir alguma vantagem.

Ele era um Zé Ninguém em uma terra estrangeira, sem currículo ou nome para lhe dar suporte. Tudo o que a sociedade procura para fazer de você um sucesso — ele não tinha nada em absoluto.

Tudo o que José tinha era Deus. Mas Deus era mais do que suficiente para compensar tudo o que lhe faltava.

Parece que vivemos em uma sociedade onde tanta ênfase é colocada em buscar o que a cultura diz que você deve ter, ser e fazer, a fim de subir a escada do sucesso e da influência. A sociedade nos diz que temos de aumentar nossos níveis, nossa rede de contatos, olhar de certa forma, dizer e fazer certas coisas para chegar a algum lado na vida. Mas olhe para José. Ele foi despojado de tudo o que um homem pode ser despojado, exceto de uma coisa: de seu destino. Porque o seu destino estava firmemente estabelecido na mão de Deus.

Quando seu destino está nas mãos de Deus, e você confia em Deus com todo o seu coração — apesar de suas circunstâncias, erros, desvios e distrações —, ninguém pode impedir o que Deus tem para você. Você pode ter perdido muito em sua vida, mas você não perdeu o seu destino. E se você simplesmente alinhar sua perspectiva com a do Senhor, poderá estar mais perto de alcançá-lo do que imagina.

Deus adora fazer reviravoltas. Ele adora agir de repentes. Porque quando o faz, Ele é o único que pode obter o crédito e a glória.

CAPÍTULO 14

A paz nos desvios

 Gênesis 50:20 é muitas vezes usado como a marca registrado do cristianismo. Esse versículo, possivelmente mais do que qualquer outro, resume o poder de um Deus todo-poderoso para transformar a dor em propósito e a miséria em milagre.

Nós o citamos.

Nós o contextualizamos.

Nós o memorizamos.

Publicamos nas redes sociais.

Mas há algo escondido dentro desse versículo popular que às vezes não conseguimos perceber. É a ordem em que as coisas aconteceram.

Lemos:

Quanto a vós, planejastes o mal contra mim, mas
Deus transformou em bem, a fim de suscitar o desfe-
cho presente, para preservar a vida de muitas pessoas
(Gênesis 50:20).

Esse versículo uma sequência que quero destacar. A razão é
porque se você pode manter essa perspectiva em mente em sua
vida, você vai descobrir o segredo para enfrentar os desafios, as
decepções, a dor e a confusão que surgirem. Você terá acesso
ao poder para superar qualquer coisa e para erguer-se acima de
qualquer coisa que enfrente. Esta é a sequência que quero que
você veja: *o mal. Deus. O bem.*

O versículo diz que os irmãos de José desejaram o mal. Mas
Deus interveio. Então o bem aconteceu. Sempre que o mal aparece, mas Deus está na equação, o bem emana.

Então o que o inimigo tem de fazer para ser bem-sucedido
em seus esquemas é ter certeza de que Deus não está presente
para que o bem não emane. Se Satanás tiver certeza de que Deus
não está presente, ele pode manter o mal no controle da situação. Mas, se Deus está presente na situação e colocamos o enfo-
que nele, Deus transforma o mal em bem.

Jó encontrou o mal em sua vida, mas quando ele se submeteu e se rendeu a Deus, Deus reverteu a situação e fez o bem. As
pessoas que seguiam Jesus enfrentavam fome, mas Jesus trouxe
Deus para aquela desordem, e Deus transformou uma realidade

negativa em um milagre. Lázaro estava morto. Mas Jesus transformou a morte em uma ressurreição.

Ao longo de toda a Escritura podemos ver a dor e o sofrimento desta vida presente transformados em vida e propósito quando Deus está presente para nos fazer suportar.

É por isso que Deus deve ser parte integral de sua existência cotidiana e não apenas alguém que está presente de vez em quando. Deus não quer privilégios da guarda compartilhada dos fins de semana. Ele quer ser o seu melhor amigo. Ele quer ser seu parceiro. Ele quer ser seu companheiro de equipe, capitão, treinador, general, amigo, líder e companheiro.

Há uma realidade interessante sobre o desvio de José que quero trazer aqui brevemente; José era solteiro. Não vou aprofundar muito o que isso significa ou as implicações disso, mas uma coisa que notei ao longo de quatro décadas é que muitas vezes é o cristão solteiro que experimenta Deus de uma forma sobrenatural. Talvez isso seja devido ao que Paulo argumentou no Novo Testamento que uma pessoa casada tem lealdades e atenção divididas. Seja como for, Deus deseja ser seu cônjuge, quer você seja solteiro ou não. Ele diz que é um cônjuge para você (Isaías 54:5) mas, quando temos outras pessoas no lugar, ou quando tendemos a confiar demais em nós mesmos, podemos perder de vista o relacionamento adequado de amor que Deus deseja que tenhamos com ele.

Se Deus é simplesmente um complemento ao seu alimento noturno, uma oração antes de dormir, ou um compromisso que você cumpre aos domingos, não espere que Ele transforme o mal perpetrado a você em bem. Deus deve estar no meio de tudo o que você faz para que esse padrão aconteça. Meu caro, desafio você a ir para o "tudo ou nada" com Deus e descobrir tudo o que Ele pode fazer. Ponha todas as suas fichas em Deus e veja Ele aparecer de uma forma que você nunca experimentou antes.

O mal. Deus. O bem.

Você não pode ignorar Deus e ter um bom desfecho. Sem Deus, seu fim é o mal. Confusão. Miséria.

Cada poço que José enfrentou o levou para um lugar novo. O ciúme de seus irmãos era mau. Tinha sua raiz no pecado. Eles pretendiam prejudicar José ao despojá-lo e deixá-lo para que morresse, mais tarde vendendo-o a comerciantes de escravos. No entanto, se nada disso houvesse acontecido, José estaria entre os muitos que morreram de fome décadas mais tarde, quando o mundo conhecido enfrentou uma fome.

A volúpia da mulher de Potifar era má. Seu desejo por José era imoral. Ela pretendia causar-lhe mal quando mentiu sobre ele e o acusou, deixando-o a apodrecer em uma prisão. No entanto, se isso não houvesse acontecido, José nunca teria encontrado o padeiro e o copeiro que um dia serviram de ponte para que ele estivesse perante o mais alto governante da terra. E José teria morrido de fome, juntamente com o restante da nação, anos depois, quando a comida acabasse.

Em vez disso, José tornou-se o segundo em comando no exato momento da história em que sua sabedoria, discernimento, estratégia e habilidades eram mais necessários para trazer a salvação literal das pessoas em toda parte. Diga-me como é que alguém acaba sendo segundo em comando no Egito, sem qualquer carreira política, currículo ou antecedentes — meu Deus, ele nem sequer era egípcio!

Somente por meio de Deus.

Deus pode levar você a lugares e abrir portas que nem sequer você sonhou ser possível. Quem me dera que você visse todo o potencial do seu destino. Quem me dera que você visse as coisas que Deus deseja fazer para o seu bem. Gostaria que você conhecesse a satisfação que pode ter quando vive o plano que Ele tem reservado para você.

Seu destino não é determinado por você chegar ao local desejado na vida. Não é determinado por seu planeamento, diplomas ou até mesmo por sua rede de contatos. Sim, Deus pode usar essas coisas, mas muitas vezes não o fará. Em vez disso, Ele nos encontra em um lugar de obediência enquanto ainda estamos em um desvio e nos leva para onde precisamos ir. Deus tem maneiras intangíveis de conectar você.

Há um membro de nossa igreja que recentemente conseguiu um trabalho dos sonhos simplesmente devido a um telefonema. Nada mais. Era um simples telefonema para entrevistar alguém que ela nunca tinha conhecido em um projeto em que ela estava trabalhando. Ela não estava entusiasmada com esse projeto. Tampouco estava entusiasmada com o telefonema. Mas ela fez isso por obediência ao chefe e devido às responsabilidades de seu trabalho. No entanto, poucos minutos após o fim da entrevista, a pessoa que estava sendo entrevistada começou a enviar mensagens a ela. Ele lhe perguntou sobre o histórico dela, as habilidades — o que ela fazia. Tudo lhe pareceu estranho no início, ela mais tarde me contou. Por que essa pessoa de tamanha importância estaria perguntando sobre as suas habilidades? Ele não tem profissionais?

Mas ela respondeu-lhe. E, literalmente, em poucos dias, ele a contratou para uma função influente que provou ser perfeita para sua paixão, habilidades e destino. Por falar em repentino! Mais tarde, ele compartilharia como isso aconteceu.

Ele disse que estava orando por uma pessoa para preencher essa função, e quando ele ouviu a voz dela, ele sabia que ela era a pessoa certa.

Não existe curso que ensine isso. Você não pode entrar no LinkedIn e ter uma conexão como essa. Tampouco você pode enviar um currículo para isso. Deus, e somente Deus, sabe como conectar você ao seu destino quando for o momento certo. E Ele não precisa de muito para fazer isso. Uma voz ao telefone já serve.

José acabou sendo o segundo em comando no Egito por causa de uma túnica que ele nunca pediu para ter. Não apenas isso, ele obteve autoridade e capacidade suficientes para levar toda a sua família para o Egito e permitir-lhes ter muito para comer durante um tempo de fome mundial. Deus usou uma desordem após outra e uma situação após outra para trazer José ao seu destino.

O sucesso não é o que você tem; o sucesso é quem você tem.

Não estou menosprezando o valor da educação, preparação, dedicação ou busca. Mas o que estou dizendo é que todas essas coisas, sem Deus, não o levarão ao seu destino. Nenhuma dessas coisas sem Deus pode fazer você chegar aonde precisa. Sabendo que isso é verdade, onde você quer depositar a maior parte de seu tempo, talento, tesouros, atenção, foco e esperança?

Alguns de vocês aguardam que Deus faça uma reviravolta enquanto Ele está esperando por você. Alguns de vocês estão pedindo a Deus para intervir em sua situação enquanto ele está pedindo a você — como José — para desenvolver o favor que Ele já lhe deu. Obedeçam no poço, na prisão, nas correntes — como escravos. Se José desistisse de tudo enquanto estava na prisão, em vez de receber o favor de Deus e ascender a uma posição de influência, ele nunca teria estado em uma posição em que pudesse interpretar os sonhos do padeiro e do copeiro.

> *O sucesso não é o que você tem; o sucesso é quem você tem.*

Se você quer chegar ao seu destino, dê frutos onde você está agora. Onde quer que você esteja agora, trabalhe fielmente, sirva de bom grado, submeta-se alegremente e honre plenamente a Deus. Enquanto Deus está planejando um destino especial para você, viva obedientemente onde Ele colocou você.

Nunca se sabe como Ele vai usar uma conversa em que estamos agora para nos levar ao nosso "felizes para sempre". Deus é mestre em unir coisas.

Meu caro, não sei o que o inimigo está fazendo para o desencorajar. Mas tenho certeza de que ele é inteligente, consistente e astuto. No entanto, quando Deus deixa você perder, é somente para lhe mostrar como ganhar. Por isso, nunca se contente em simplesmente ficar parado, porque a espera é muito longa ou o caminho é muito difícil. Seja como aquela bola de praia dentro de uma piscina — tão cheia do poder do Espírito de Deus que não importa quão fundo a bola é empurrada para baixo da água, ela apenas usa isso como um trampolim para ir ainda mais alto do que antes.

Entendo que quando você está em baixo, a tendência é desistir de Deus. Mas deixa-me desafiar você a mudar a sua perspectiva.

Quanto mais desesperadoras as coisas ficam, mais intensamente você deve buscá-lo. É fácil louvar a Deus ao sol, mas se há uma tempestade em sua vida neste momento, e a escuridão é tudo o que você vê, faça o seu louvor sair de sua boca. Corra para Ele em meio a escuridão. Seja como o Jacó que lutou a noite toda e exija a sua bênção antes que Ele abdique de você.

E por último, seja paciente. Vamos falar mais sobre isso nos próximos dois capítulos, mas vamos começar aqui brevemente.

Foram treze anos desde o tempo em que José foi vendido como escravo até o momento em que esteve diante de Faraó.

A paz nos desvios

Passaram-se vinte e dois anos até que ele se encontrasse novamente com seus irmãos.

Moisés levou quarenta anos até que Deus o levasse ao lugar que ele precisava estar, a fim de cumprir o seu destino de libertar o seu povo.

Noé levou cento e vinte anos até que Deus cumprisse a promessa feita a ele.

Jesus levou trinta anos como Deus na terra antes mesmo de começar seu ministério público.

Desvios levam tempo. O aprimoramento leva tempo. Mas de uma coisa eu sei: os destinos valem a pena a espera. Então, ter de se render a um monte de inconveniências ou ter de passar por um período na vida onde as coisas não parecem estar funcionando como o planejado não significa que você não vai chegar lá. Muitos de nós querem um Deus tão rápido quanto um micro-ondas quando Deus é muitas vezes muito mais parecido com uma panela de barro. Ele quer deixar a coisa cozinhar lentamente, descansar e ferver até que esteja cozida. Até que a transformação ocorra plenamente em sua vida.

Agora, aqui está uma maneira para você saber que Deus está trabalhando em seu favor. Não será porque não há desafios. Não será porque nada está errado. Você saberá que Deus está trabalhando em seu favor porque cada vez que parece que você está caindo, você se recupera.

Você já viu alguém que consegue passar por várias provas e descontentamentos? Tome nota dessa pessoa se você a conhece.

Essa é uma pessoa com a mão do destino de Deus sobre ela. Essa é uma pessoa cuja fé está firmemente enraizada no Deus vivo. Essa é uma pessoa que entende e acredita que quando o mal mostra a sua face horrenda, Deus pode transformar tudo para o bem.

Quando eu era criança, em Baltimore, meu pai me deu um saco de pancadas em forma de balão. Eu adorava aquele saco de pancadas, porque não importava o quanto eu batesse nele, ele sempre voltava.

Batia-lhe, e BUM! Ia até o chão.

Mas depois, BAM! Subia novamente.

Batia-lhe novamente, e BUM! Lá embaixo novamente.

Mas depois, BAM! Lá estava de volta.

Muitas vezes bati nesse saco de pancadas, e de novo, e de novo, e de novo ele voltava para receber mais uma pancada. Uma vez até dei um pontapé ele. Mas, mesmo assim, lá estava ele novamente.

A razão pela qual o saco de pancadas continuava voltando para mais era porque havia um peso no fundo que era mais pesado do que o ar no topo. Assim, não importa o que lhe fiz lá em cima, o que estava lá embaixo é que determinava o que aconteceria no fim das contas.

Não sei o que estes próximos dias, meses ou mesmo anos reservam para você. Não sei se você vai enfrentar mais desvios, mais desafios ou mais dor. Mas o que posso garantir a você é que, em algum lugar no futuro, Satanás ou as circunstâncias vão lhe dar uma pancada — BUM! Uma prova ou um problema vai nocautear você. BAM! Porque a vida é assim. Acontece para todos nós, especialmente quando enfrentamos um inimigo que não quer nada mais do que tirar nossa perspectiva de Deus quando Ele quer nos levar mais além.

Na verdade, o diabo pode até dar várias pancadas em você de uma só vez — *bum, bum, bum, bum, BUM!* Mas, meu caro amigo, se você repousa na base certa, você vai voltar. Se você está enraizado no fundamento certo, você vai se recuperar. Se você está amarrado ao peso sólido de um Deus santo, você vai ficar de pé novamente. Nada que alguém possa fazer a você pode mantê-lo no chão quando Deus é o seu contrapeso.

Deixe-o ser a estabilidade de seus dias enquanto Ele o conduz ao seu destino.

CAPÍTULO 15

A paciência nos desvios

Verdade seja dita, sendo totalmente francos, a maioria de nós não gosta de esperar.

Claro, podemos fingir que somos pacientes aqui ou ali — e agir de um modo todo espiritual — mas no fundo, a paciência é uma virtude que muitas vezes difícil de ser encontrada. Sobretudo se estamos à espera de algo que queremos mudar ou de algo que precisamos aprimorar e melhorar. Esperar pode ser uma experiência frustrante.

Você já esteve diante de um sinal vermelho que parecia nunca ficar verde? Você se sente preso. Encurralado. Impedido de seguir o seu caminho. As circunstâncias à sua frente não o deixam prosseguir. Ou, que tal ficar preso atrás de um veículo extremamente lento em uma estrada estreita onde não há espaço para realizar a ultrapassagem?

Talvez você tenha sentado na sala de espera de um consultório médico, e frequentemente o nome dos outros são chamadas, mas não o seu. O pior é quando você está no pronto socorro e com dores. Eles continuam, no entanto, dizendo que vão lhe atender assim que puderem. Você está literalmente sendo forçado a esperar enquanto está assustado e com dor.

Que tal isto? Alguma vez você já esteve ao telefone, e a pessoa no outro lado da linha pede que você aguarde e logo depois começa a tocar uma música? Todos nós já experimentamos algo assim, em algum momento ou outro. Pode ser apenas por alguns minutos, mas parece que se passaram horas enquanto você fica parado ouvindo uma música que nem deveria ser chamada de música.

Todos esses tipos de espera são inconvenientes. Todos eles testam a nossa paciência. Podem tirar-nos o sorriso do rosto. Mas, na verdade, o pior tipo de espera que existe é aquele em que você ou eu temos de esperar por Deus.

Aquele momento em que Deus faz você esperar que as coisas melhorem em sua vida, que as coisas sejam lapidadas, que a sua mudança chegue. Em tempos assim, parece que nada está acontecendo e que Deus colocou sua vida em ponto morto. O seu motor está funcionando, mas as rodas estão estáticas. Isso pode causar mais dor.

Deus nunca parece estar com pressa quando nós estamos, não é verdade? Ele é como o típico pai que insiste em cozinhar e tomar o café da manhã antes que os presentes de Natal possam ser desembrulhados. Nós nos perguntamos: "o que está acontecendo, Deus? Não vê o quanto quero chegar ao meu destino? Estou aqui. Estou pronto. Por que está demorando tanto?".

É como o menino que estava orando: "meu Deus, preciso da neve. Quero que neve. É inverno. É Natal. Quero que neve". Dia após dia, ele orava pedindo neve. Mas, mesmo assim, não havia neve. "Deus", o menino continuou depois de semanas, "você não quer que eu me torne um ateu, não é? Porque estou pedindo neve, mas não há neve!".

Às vezes parece que Deus leva tanto tempo que você pode começar a se perguntar se crer nele é ao menos razoável. Começa a se perguntar se vale a pena o esforço. Qual é o lado bom dessa coisa chamada fé, Deus? Você me fez esperar tanto tempo por meu destino, minha companhia, minha cura, minha esperança... Seja o que for. Isso está demorando muito e começo a pensar se devo continuar esperando.

Você fala com Ele.

Você ora a Ele.

Você estabeleceu um lugar para orar.

Não serviu de nada.

Você vai à igreja.

Ainda se sente vazio e preso.

Você adora, mas nada mudou.

Depois de um tempo você começa a sentir que a relação é bastante unilateral. Então, quando as coisas pioram, você até considera recuar. Retendo adoração, oração, devoção — porque tudo isso já não faz muito sentido.

O tempo continua passando. Os anos continuam passando. O calendário continua avançando. Deus está sempre postergando a sua resposta.

Em tempos como esses, a maioria de nós é como Habacuque quando ele clama ao Senhor: "Por quanto tempo, Senhor, pedirei ajuda, e não ouvirás?" (Habacuque 1:2). A resposta de Deus não oferece grande conforto. Vemos isso no próximo capítulo:

> Então o Senhor me respondeu e disse: "lembre-se da visão e *a inscreva* em tábuas, para que aquele que a lê possa correr. Pois a visão, todavia, é para o tempo determinado; apressa-te para o alvo e não falhará. Ainda que tarde, aguarde, porque certamente virá, não tardará." (Habacuque 2:2-3; ênfase acrescentada).

Deus promete ao profeta que a visão não falhará. Mas ele também lhe diz: "ainda que tarde". Ele também o lembra: "aguarde". Ele não lhe diz quanto tempo. Ele não lhe dá um sinal. Ele apenas diz que um dia virá, por isso espere.

É como pescar em um lago onde nada parece ser fisgado. Você pode ficar aí parado ou sentar-se lá por horas, arremessando linha após linha na água. Colocando minhoca após minhoca no anzol no fim linha. Em última análise, pode parecer

A paciência nos desvios

que você não está mais pescando — você está apenas afogando minhocas cruelmente. Esperar por seu destino — que sua mudança e sua esperança aconteçam — pode parecer afogamento às vezes. Os seus sonhos estão se afogando. Os seus desejos estão se afogando. Os seus pensamentos estão se afogando. A sua oportunidade está se afogando. Nada parece se prender ao anzol da esperança a qual você parece estar desperdiçando. E em seus momentos individuais — aqueles momentos sozinhos em que somente você e Deus estão presentes —, você pode até mesmo se sentir livre. Tira a linha da água e vai embora.

Manter padrões na vida é tão frustrante como manter padrões em um voo. É só circular, circular, circular e circular. E a sua alma perde a esperança de algo diferente. Mas muitas vezes a Bíblia nos diz para "esperar no Senhor". Não é algo que aparece uma ou duas vezes. A frase e o conceito de "esperar no Senhor" são frequentes. Em Salmos 130:5-6 afirma-se: "Eu espero no Senhor, a minha alma espera, e na sua Palavra deposito minha esperança. A minha alma anseia mais pelo Senhor do que os vigias anseiam pela manhã; sim, mais do que os vigias anseiam pela manhã".

"Mais do que os vigias anseiam pela manhã." Pense nisso. Se você já conheceu ou viu um vigia, ou até mesmo se você já foi um vigia, sabe que a noite demora a passar. Além disso, é como ficar olhando a água que nunca ferve na panela; ... demora, demora e demora. É assim que o salmista diz que espera. É assim que devemos esperar também.

Com antecipação.

Com esperança.

Com anseio.

Com expectativa.

Com desejo.

Com fé e obediência.

Essas coisas, e outras mais, dissipam a dúvida. Dissolvem o desespero. Como lemos em Salmos 27:13-14, "eu teria me desesperado se não tivesse crido que veria a bondade do Senhor na terra dos vivos. Espere no Senhor; seja forte, e que o seu coração tenha coragem; sim, espere no Senhor".

Em Lamentações encontramos um benefício em esperar pacientemente: "o Senhor é bom para aqueles que o esperam, para aquele que o busca. É bom esperar pacientemente" (Lamentações 3:25-26). Deus é bom para aqueles que esperam pacientemente. Mas o que significa esperar pacientemente? Como devemos esperar pelo Senhor de tal forma que recebamos a sua bondade no fim do dia? Significa sentar-se numa cadeira de balanço e esperar que algo melhor aconteça? Significa calar-se completamente? Será que oramos o suficiente? Será que fizemos o suficiente? Quando devemos agir e fazer alguma coisa?

Nenhuma dessas perguntas tem uma resposta exata para cada situação. A resposta pode variar dependendo da situação. Mas, no geral, esperar no Senhor significa não ir para longe de Deus para resolver a questão pela qual você está esperando. Não

A paciência nos desvios

"dê uma de Abraão" e vá encontrar uma "Hagar" para tentar resolver a situação por conta própria. Esperar no Senhor é esperar pela mão e pela intervenção dele — pela orientação, pela provisão, pelo poder e pela solução que vem dele. Não tente remexer o seu destino. Não tente forçá-lo a entrar nos eixos. Quando for o tempo de Deus para que você cumpra seu destino, você o cumprirá perfeitamente. Em vez de tomar as coisas em suas próprias mãos, deixa-as nas mãos de Deus. Como diz o ditado: "deixe estar. E deixe Deus agir".

Tiago 5:7-8 fala um pouco sobre isso, embora em um contexto diferente: "portanto, irmãos, sejam pacientes, até a vinda do Senhor. Veja como o que planta espera pelo precioso fruto da terra e é paciente com ele até receber as primeiras e as últimas chuvas. Vós também deveis ser pacientes. Fortalecei o vosso coração, pois a vinda do Senhor está próxima". Assim como o que planta deve esperar pelas chuvas e pelo solo para produzir o crescimento da semente, também devemos esperar que o Senhor produza dentro de nós e por meio de nós o propósito que Ele pretende.

Você já ouviu falar da resistência de Jó e como a paciência dele foi recompensada por Deus, dando a Jó o dobro do que ele tinha antes. O Senhor está cheio de compaixão e misericórdia para com aqueles que aprenderão e porão em prática a habilidade e a arte de esperar pacientemente. Uma das maneiras de você saber se ainda não aperfeiçoou em si mesmo a arte de esperar pacientemente é verificar de você passa boa parte do tempo reclamando.

Uma pessoa que tem um espírito murmurador — alguém que tem um padrão de lamúrias acerca de uma situação ou acerca de Deus — não espera pacientemente. Reclamar revela falta de fé. Reclamar revela um coração que busca uma solução mais do que a lição que se aprende no caminho da solução. Agora, em vez de Deus ser o seu libertador, Ele deve ser o seu juiz.

Nunca se desvie de Deus para tentar fazer acontecer o que você está esperando que Ele faça acontecer. Porque quando você fizer isso, apenas vai postergar o que deve acontecer. A Escritura está repleta de exemplos de pessoas fazendo tardar a libertação de seu destino porque eles tentaram chegar lá por conta própria. Abraão e Sara tiveram que esperar vinte e cinco anos antes que se concretizasse a promessa de que teriam um filho. O atraso veio porque eles recorreram à carne para resolver uma situação do Espírito. Marta e Maria tiveram de esperar, porque Jesus intencionalmente adiou a realização do milagre de ressuscitar o irmão delas dos mortos porque as dúvidas que tinham, e a fé subsequente, seriam usadas para ensinar os outros por anos vindouros.

Os atrasos nem sempre são motivo de intervenção. Atrasos muitas vezes são circunstâncias que nos ensinam algo do interesse de Deus ou que nos dão algo que Deus deseja que recebamos primeiro. Jesus disse aos discípulos para irem a Jerusalém e esperarem pelo Espírito Santo antes de saírem para ministrar em seu nome. Ana teve de esperar anos até ter o primeiro filho. Rute teve de esperar até ter o seu marido.

A paciência nos desvios

Parte da experiência cristã, em vários segmentos de nossa vida, é essa espera. À espera do momento certo. À espera de conexões divinas. À espera da preparação. À espera de outras pessoas. À nossa espera. À espera do aprimoramento. À espera... espera.

Esperar por Deus significa não desviar dele para resolver o problema.

Também significa obedecer a Deus enquanto espera. Com base na vontade de Deus revelada na Palavra dele, obedeça àquilo que você já conhece. Porque você não verá, confidencialmente, o que Deus planeja fazer, a menos que Ele veja a sua obediência naquilo que já foi revelado. Deus nunca diz tudo o que vai fazer, mas algo Ele nos disse. Seja o que for, obedeça. Por menor que seja, por mais insignificante que pareça, obedeça. Faça o que você sabe que deve fazer, mesmo que não saiba o que isso fará a você.

Quando você está doente, você vai ao médico, e se ele encontrar uma infecção, ele lhe passa uma receita. Adivinha o que o médico espera que você faça na sua dor enquanto você espera que melhore? Que você tome os medicamentos. Ele não espera que você leia sobre o medicamento. Ele não espera que você fale do medicamento nem espera que você entenda o medicamento e forma como ele funciona. Tome o remédio e deixe-o funcionar. Faça o que o médico lhe disse para fazer e deixe que o resultado se apresente no tempo certo. Quando tomamos um medicamento, esperamos que ele funcione. Nunca é instantâneo.

Mas tenha em mente, quanto mais tempo você adiar tomar o medicamento, mais tempo ele vai demorar para fazer efeito.

Muitos cristãos gostam de falar com outras pessoas sobre o que a Palavra de Deus diz. Gostamos de pensar nisso. Levá-la em consideração. Porém poucos a praticam.

Muito poucos viverão com a fé que nos ensina a não nos preocuparmos. Muito poucos perdoarão com uma graça que nos ensina a não guardarmos rancor. Muito poucos irão para um lugar desconhecido, ou deixarão a segurança do que sabemos para irem a um lugar onde Deus está no comando.

Deus, o Grande Médico, prescreveu o que precisamos em sua Palavra. Seguir ou não o que Ele revelou — coisas como amor, perdão, confiança, fé, esperança, e muito mais — irá determinar quanto tempo leva a nossa espera.

Quando Jó recebeu a recompensa de Deus e a bênção dobrada? Depois de orar por seus amigos. Depois que ele demonstrou graça e bondade para com aqueles que lhe trouxeram sofrimento durante os seus momentos mais dolorosos. Jó seguiu a lei do amor e pediu a Deus para estender bondade aos outros. Quando ele fez isso, Deus concedeu bondade a Jó.

> *Aprender a esperar pacientemente envolve aprender como pôr em prática o cotidiano de viver como um filho de Deus.*

Aprender a esperar pacientemente envolve aprender como pôr em prática o cotidiano de viver como um filho de Deus.

A paciência nos desvios

Significa pôr em prática aquilo que já sabemos. Perdão. Amor. Fé. Trabalhar como para o Senhor, mesmo que seja em coisas que você não gosta de desempenhar. Honrar a autoridade que está sobre você, mesmo que não goste dela ou a respeite. Suportando os fardos uns dos outros, mesmo quando nos sentimos oprimidos pelos nossos próprios.

Faça o que Deus já disse para fazer.

Então veja Ele conduzindo você a seu destino.

O meu filho Anthony chegou da escola um dia com uma tarefa. Essa tarefa envolvia plantar uma semente em um vaso pequeno, regá-la e observá-la crescer. Era uma tarefa para a aula de ciências dele. Na sexta-feira à noite, Anthony diligentemente colocou a semente na terra que estava dentro do vaso, em seguida, procedeu com a sua rotina normal. Quando acordou no sábado, correu para a janela para ver o vaso. Nada havia acontecido. Nada havia crescido. Anthony veio até mim desapontado porque a semente não rendera nada da noite para o dia.

Tive de explicar ao Anthony que aquilo não era o parecido com a história de João e o pé de feijão, a semente não se transformaria num cipó e chegaria aos céus da noite para o dia. Aquela era uma semente. E como com todas as sementes, levaria tempo para crescer. Seria preciso esperar, pela fé. Regar, pela fé. Admirar, pela fé.

Esse conceito de espera é muito interessante quando você o divide em seu significado literal. Nos tempos bíblicos, o conceito remetia a fios que eram juntos, entrelaçados para fazer algo maior, mais brilhante e mais completo. A palavra esperar pode se referir a reunir os fios da vontade revelada de Deus em um esforço para uni-los até que algo maior surgisse através da combinação de todas as coisas.

Esperar requer tempo. Lamento ter de fixar essa verdade. Mas é verdade. Por isso, quanto mais cedo aceitarmos isso como verdade, mais cedo aprenderemos a desempenhá-la bem.

Tal como a semente de Anthony debaixo da terra, algo estava acontecendo. Não é que nada estivesse acontecendo. É que nada que Anthony pudesse ver estava acontecendo. Tudo estava acontecendo em segredo, debaixo da terra. E teria de ficar lá até chegar à altura certa para emergir.

Quando Deus está em silêncio, Ele não está inerte. Mas muitas das suas atividades e muitos de seus propósitos estão se desenvolvendo debaixo do solo dos nossos dias. Está crescendo fora de nossa visão e de maneiras que não podemos ver — até o momento em que, dentro dos limites de seus propósitos e sua vontade, Ele esteja pronto para revelá-lo.

Espere, meu amigo. Espere pacientemente.

A história de José deve encorajar você a dizer que um dia vai valer a pena.

Espere pacientemente.

CAPÍTULO 16

O caminho dos desvios

 Se alguém sabia o que significava esperar sem sequer ter esperança no horizonte, era José. Não preciso rever os acontecimentos da vida dele aqui, já que os cobrimos tão minuciosamente ao longo destas páginas.

Mas agora, se você sabe alguma coisa sobre José, você sabe disso: José passou a maior parte de sua vida esperando que Deus o trouxesse ao seu destino.

José nem sequer teve a sua própria família até ter passado bem os anos em que os homens da sua cultura se casavam e tinham filhos.

José passou a maior parte de sua vida esperando que Deus o trouxesse ao seu destino.

Ele tampouco tinha uma carreira com mobilidade ascendente. Afinal de contas, os contextos de escravidão e de prisão são geralmente bastante limitados quando se trata de uma promoção. José não tinha diplomas. Ele era um estranho em uma cultura que era obcecada por sua própria cultura. Se alguém tivesse alguma razão para desistir, entregar-se e ceder a uma mentalidade fatalista, esse alguém seria José.

Mas José não cedeu. Ele aparecia dia após dia. Sabemos isso porque a Escritura nos diz que o Senhor estava com José e lhe concedeu favor para com aqueles ao seu redor. Também sabemos que Deus continuou a promovê-lo, aonde quer que ele fosse, a fim de torná-lo um homem de maior autoridade e influência.

Autoridade e influência mais elevadas não são para quem joga a toalha. Autoridade e influência elevadas geralmente são para aqueles que sabem usar bem a toalha. Mesmo que isso signifique que tudo o que você pode fazer com ela seja limpar a bagunça de outra pessoa. Há algo que é apenas um conto de fadas, mas carrega a verdade que ressoa para todos nós. Cinderela cantou enquanto limpava, porque assim que conheceu o príncipe, sabia que havia algo maior para ela. Era apenas uma questão de tempo, como sempre é com Deus. É uma questão de tempo. É uma questão de Ele estabelecer as intersecções da vida para que, quando você chegar lá, as pessoas com quem está se conectando estejam prontas para você. E, mais importante ainda, que você também esteja pronto para lidar com o que foi dado a você.

O caminho dos desvios

A espera de José era uma questão de tempo. Lemos isso no livro de Salmos: "ele chamou a fome sobre a terra e destruiu toda reserva de alimento. Ele enviou um homem à frente deles — José, que havia sido vendido como escravo. Eles machucaram seus pés com algemas; seu pescoço foi colocado em uma gargantilha de ferro. Até que a sua profecia se tornou realidade, a palavra do Senhor o provou" (Salmos 105:16-19).

Você vai notar um conjunto importante de palavras nessa passagem, "até que". José foi afligido. José foi um escravo. José foi um prisioneiro. José foi quebrantado, amarrado e esquecido — de uma perspectiva humana. *Até que...*

Até quando?

Até que Deus estivesse pronto com todas as peças do quebra-cabeça para realizar seu plano perfeito na história.

Uma razão pela qual Deus nos faz esperar por várias coisas e desejos em nossa vida é porque Ele está fazendo algo maior do que você. Tudo isso é maior do que você.

Eu sei que é você que está passando por isso, sentindo, experimentando e sofrendo por isso. Mas o que Ele está fazendo é maior do que você. É sempre maior que você. Como os fios tecidos juntos para criar a trama de uma imagem que nenhum fio sozinho tem a capacidade de exibir, estamos todos interligados por meio de Deus em seu plano divino. Ele está entrelaçando as coisas.

Você é um fio no processo. José era um fio no plano maior do reino de Deus de preservar uma família para a construção de uma nação. Sim, José era um fio importante, tal como você é um fio importante. Mas, muitas vezes, os fios mais importantes têm de esperar mais tempo e se desenvolver mais antes de conhecerem o papel que devem desempenhar.

Enquanto você espera por seu destino, perceba que uma das razões pelas quais você está esperando é porque Deus está arquitetando algo maior do que apenas você. Envolve tempo porque há mais com que lidar do que apenas você.

A prova do tempo

Todos parecem querer uma bênção, mas poucos querem aprimoramento. Uma criança pode comer doces o dia inteiro. Vão gastar seu dinheiro o dia inteiro. Mas dê correção e disciplina a eles — orientação que vai contra o que eles querem — e eles muitas vezes vão relutar. No entanto, doces, jogos e dinheiro não vão desenvolver uma criança para se tornar um adulto produtivo. Deus sabe que isso também se aplica a nós. Para que Deus pudesse fazer com que José cumprisse seu papel como segundo no comando no Egito, Ele teve de levá-lo mais fundo primeiro. Deus teve de aprimorar José primeiro. Deus fortaleceu a humildade, a certeza, a confiança (em oposição ao orgulho) e as habilidades de liderança de José. Ele também lhe deu lições sobre como lidar com acusadores e execradores ao longo do caminho, já que uma posição de destaque, sem dúvida, atrairia esse tipo de coisa.

O caminho dos desvios

É como o capitão do exército que tinha soldados em treinamento e pediu-lhes para saltarem sobre o leito do rio. O objetivo era atravessar o rio e chegar do outro lado. Todos os homens e mulheres saltaram, mas nenhum deles conseguiu. Alguns chegaram ao meio do caminho. Outros conseguiram dois terços, mas nem uma pessoa conseguiu chegar à outra margem.

Foi quando o capitão do exército soltou um jacaré no rio e pediu-lhes para tentarem novamente. Dessa vez, todos eles conseguiram. Isso é porque às vezes você precisa de algum potencial negativo em sua experiência para levá-lo mais longe do que você iria por conta própria. Às vezes você precisa aprender suas lições para passar no teste. Você precisa experimentar as consequências de escolhas ruins. Você tem de amadurecer, concentrar-se e eliminar distrações externas. Você precisa treinar suas papilas gustativas para não somente saber o que é bom, mas para estar disposta a seguir em frente com o que não é. Se José não houvesse experimentado opulência e miséria como ele experimentou, talvez não tivesse lidado com a opulência que mais tarde obteve.

Às vezes você e eu precisamos aprender a confiar em Deus, adorá-lo e esperar nele, apesar da realidade de que neste momento Ele não está nos concedendo nada de acordo com o que desejamos. É fácil adorar a Deus e render-se a Ele quando tudo está bem. Não é tão fácil quando se está em uma prisão, como aconteceu com José.

E para nós, a prisão pode ser emocional.

Uma prisão relacional pode ser um relacionamento que você não gostaria de nunca ter tido, mas do qual não tem como sair — ou um relacionamento que deseja ter, no entanto está sozinho no momento.

Pode ser uma prisão em torno de finanças, saúde ou até do seu emprego. Como um trabalho que não lhe dá outro propósito senão um salário. É como usar "algemas de veludo", porque você não está tão livre como você pensa que está.

Muitos de vocês cozinharam ou comeram perus ou pernis durante a época natalina. Eu estaria apenas no grupo dos que comem. Aqueles de vocês que cozinham esses pratos sabem que muitas dessas carnes de Natal vêm com um algum tipo de medidor de temperatura que vai aparecer quando a carne estiver pronta. Alguns enfiam um termômetro para ver qual é a temperatura dentro da carne. A razão pela qual isso é necessário é porque a aparência da carne pode enganar. A carne pode parecer cozida por fora, mas quando a cortamos, ainda está crua. É muito desagradável. Não está bem assada. Ainda tem germes que podem deixar alguém doente.

Os cristãos não são diferentes. Muitos de nós podem parecer unidos e espirituais do lado de fora; mas, se você for mais fundo, vai descobrir que muitos nem todos são tão espirituais quanto parecem ser. Eles são maus, desagradáveis e carregam germes de amargura, dúvida e ingratidão se cavamos fundo o suficiente em meio a situações difíceis. Só porque você diz "aleluia" à mensagem não significa que você seja espiritual. Só porque você prega

O caminho dos desvios

a mensagem tampouco significa que você seja espiritual. Deus conhece o estado da alma de cada um de nós e não irá nos tirar do forno da adversidade. Ele vai esperar até que estejamos prontos para o que tem guardado para nós.

Esperar pode ser um modo de vida, já que o crescimento espiritual e o desenvolvimento geralmente levam tempo. Mas há uma maneira de saber que você não está sozinho enquanto você está esperando por Deus. Há uma maneira de saber que "Deus está com você", assim como estava com José, e está levando você para o seu destino. Encontramos esse caminho no livro de Isaías,

> Jacó, por que dizes tu, e Israel, por que afirma: "o meu caminho está escondido do Senhor, e a minha súplica é ignorada pelo meu Deus"? Não sabes? Não ouviste? O Senhor é o Deus Eterno, o criador de toda a terra. Ele nunca se cansa ou fica exausto; não há limite para a sua compreensão. Ele dá força aos cansados e fortalece os que estão sem forças. Os jovens se cansam e ficam exaustos, e os homens jovens tropeçam e caem, mas os que confiam no Senhor renovarão as suas forças; voarão alto com asas como de águias; correrão e não ficarão exaustos; andarão e não se cansarão (Isaías 40:27–31).

Nesse versículo está a sabedoria, pois é como você saberá que Deus está com você no seu desvio. Ele tem um propósito e um plano para o lugar onde você está agora e, o mais importante,

Desvios

você vai aperfeiçoar a arte de "esperar pacientemente". Quando essas coisas estiverem alinhadas, o texto nos diz que Ele vai renovar a sua força.

Ele renova a sua força.

Se você tem um smartphone, você vai notar que você pode começar o dia com 100% bateria carregada, mas ao longo do dia, ela cai para 75%, e então 50%, e até mesmo 20%. Se você não fizer nada a respeito, receberá um aviso sobre estar com pouca bateria. Todos os aplicativos vão ser encerrados completamente se você não encontrar rapidamente um carregador, ou pedir um emprestado, e ligar o seu smartphone na tomada. Agora, de repente, o que estava quase esgotado começa a encontrar uma nova força.

Deus diz que uma maneira de saber se você está esperando pacientemente é que Ele recarrega você quando você está ficando cansado. Uma das maneiras que Ele faz isso é explicada no versículo 31: "voarão alto com asas como de águias". Há uma realidade interessante sobre as águias que pode se aplicar como uma grande percepção em nossa vida espiritual se assim permitirmos. Quando uma mãe águia constrói pela primeira vez o ninho para o seu filhote, ela torna-o confortável. Nele tem todas as coisas que o filhote de águia precisa para querer ficar lá. Ela o alimenta. Ela o aquece. Ela o protege.

Mas quando chegar o momento de essa águia filhote voar, a águia-mãe começará a retirar as partes confortáveis do ninho. Pouco a pouco as coisas são removidas — expondo a águia em

O caminho dos desvios

crescimento a um ambiente menos ideal. As coisas começam a picar, atiçar e irritar a jovem águia. Por fim, depois de todas as coisas confortáveis terem sido retiradas, criando assim uma irritação, ela empurra a águia para fora do ninho completamente.

Primeiro, ela faz com que a águia não se importe em sair do ninho porque todos os confortos que foram conhecidos desapareceram. Então ela empurra a águia para fora, forçando-a a bater as asas. O problema é que a jovem águia nunca voou antes, portanto ela não sabe voar. E acertar na primeira tentativa é improvável. O que faz a mamãe águia? Enquanto a jovem águia continua a bater as asas e cair, a águia-mãe vai em direção a ela e a agarra com suas garras e muitas vezes com suas asas, devolvendo a jovem águia de ao ninho até que seja hora de tentar novamente.

Amigo, você pode sentir que está caindo, mas Deus está ensinando você a voar. Você pode sentir que está prestes a cair nas rochas, nas profundezas do desfiladeiro, mas Deus está de olho em você, e Ele vai aparecer do nada e segurá-lo com a sua graça. Chama-se intervenção divina, e Ele é um mestre nisso. É quando Deus surge de repente, trazendo para sua vida algo que o agarra quando você estava prestes a desistir, perder a cabeça, sucumbir — Ele o tem em seus braços. Ele não muda nada. Mas Ele diz a você que está lá.

Outra maneira que você sabe que Deus está renovando sua força está na parte da passagem que diz: "correrão e não ficarão exaustos". É quando de forma sobrenatural Deus concede a você um segundo fôlego. É quando você chega a um lugar cheio de obstáculos, é impossível continuar, você está exausto, e de repente recebe o que os corredores chamam de "segundo fôlego". É uma nova força. Deus não se inclina e tira você dessa vez, mas lhe dá força para prosseguir. Por vezes, esse fôlego vem de um sermão ou um livro. Por vezes, vem por uma canção. Por vezes, vem por uma palavra encorajadora de um amigo ou um *post* inspirador nas redes sociais. Ele pode vir de uma infinidade de maneiras, mas, seja o que for, Deus usa isso para lhe dar força quando você mais precisa dele. Agora, você tem a capacidade e a energia para continuar.

Há também aqueles momentos em que Deus não se inclina nem carrega você em suas asas; Ele não lhe dá um segundo fôlego, mas impede que você fique cansado enquanto caminha. Nesses casos, Deus não muda a situação; Ele apenas muda você em meio a situação. Você ainda pode continuar, mesmo que isso signifique ir muito devagar, como eu na corrida anual Trote do Peru.

O Trote do Peru acontece em Dallas todos os anos próximo ao Dia de Ação de Graças, e o objetivo do evento é se exercitar, correndo, antes da grande festividade. Mas como fiz uma cirurgia ortoscópica no joelho há algum tempo, e como ainda tenho artrite, não posso correr. Se eu correr, o impacto vai fazer o meu joelho inchar. Eu costumava correr 16 km por dia, mas agora consigo correr quase nada. Enquanto muitas pessoas troteiam no Trote do Peru, eu caminho. E, mesmo que seja engraçado, não sou o único que caminha. Normalmente, há um grupo de nós que acaba caminhando o trote. E quando você anda com os outros, você às vezes esquece completamente que está andando. Começa a falar. Começa a rir. Você olha para a natureza ao seu redor, e antes que você perceba, você chegou ao seu destino. Não me lembro de ter ficado cansado enquanto caminhava no Trote do Peru. Deus tem uma maneira de fazer isso se nós simplesmente continuarmos — Ele colocará pessoas ao nosso lado para nos ajudar.

No aeroporto eles têm o que se chama esteira rolante. São lugares para pessoas com muita bagagem colocarem seus pés em cima e descansar. Fique à direita se quiser descansar, ou caminhe à esquerda se quiser que a esteira rolante o leve lá ainda mais rápido. Seja como for, a esteira rolante leva você ao seu destino.

Amigo, Deus tem várias maneiras para que você espere nele. Às vezes, você terá um tempo de descanso. Outras vezes, você será empurrado do ninho. Seja como for, quando você espera pacientemente, Ele estará lá olhando por você até o fim.

E, francamente, o fim pode surpreender você.

Não há lugar como a nossa casa

A história de Dorothy, do Kansas, de *O Mágico de Oz*, é uma das minhas favoritas. Você já ouviu falar dela. Provavelmente você a conhece. Ou talvez até tenha assistido ao musical da Broadway chamado *Wicked: A História Não Contada das Bruxas de Oz*. Independentemente de como são os estilos de música ou as roupas, com base na versão que você mais ama, a história permanece a mesma durante todo o tempo. Uma jovem chamada Dorothy e o seu fiel cão Totó, estão descontentes. Eles estão sentindo que deve haver mais na vida do que aquilo que eles estão vivendo. Dorothy anseia ir para outro lugar onde ela sente que terá a chance de vivenciar a razão de sua existência. Resumindo, ela está à procura de seu destino. Onde ela se sinta em casa. Onde ela deveria passar o restante de sua vida.

O descontentamento de Dorothy a coloca em um caminho, assim como grande parte de nosso descontentamento faz conosco. Ele nos empurra, nos impele e nos impulsiona em direção à procura. Nós encontramos numa estrada de tijolos amarelos de perguntas, descobertas e até desvios. Ao longo da experiência da estrada de tijolos amarelos de Dorothy, ela conhece outras pessoas que também estão procurando algo que lhes está faltando.

Talvez seja a coragem de viver como quem foram criados para ser.

Ou as habilidades e o treinamento para alcançar todo o seu potencial intelectual.

Ou talvez seja alguém que precisa de um certo abrandamento, para passar a sentir compaixão e ter um coração mais bondoso para com os outros.

Seja qual for a necessidade, Dorothy se une aos outros em uma busca pelo destino.

Mas assim como Deus nunca leva alguém de A para Z em uma linha reta, Dorothy e seus amigos tampouco chegaram aonde eles precisavam ir antes passar por alguns desvios e distrações. Havia o campo de papoula, que procurou acalmá-los para dormir na tranquilidade do deslumbramento. Depois também havia os macacos enviados para atingi-los e assustá-los para que voltassem.

Mas o maior problema de todos era a bruxa malvada, Elphaba, que fez tudo o que podia para pará-los, assim como Satanás faz tudo o que pode para nos impedir de seguir em frente para alcançar o nosso destino. Ao longo de todo o caminho, Dorothy e seus amigos enfrentaram muitas dificuldades. Mas a chave para chegar ao destino deles é que nunca desistiram. Eles tinham uma força guia chamada Glenda supervisionando o progresso deles em direção ao destino, da mesma forma que você e eu temos o Espírito Santo nos guiando na direção certa. Por causa disso, eles conseguiram, finalmente, chegar ao mago — aquele que lhes daria o que lhes faltava.

A ironia da história é que quando chegaram ao feiticeiro, perceberam que ele não tinha nada para dar. Ele era fumaça e espelhos no fim das contas, um homem em buscando a verdadeira realização do seu próprio destino.

Mas também perceberam que a realização dos seus maiores desejos estava muito mais perto do que já haviam pensado. Eles estavam lá dentro de cada um deles o tempo todo, apenas precisando ser cultivados e aprimorados no caminho. Que é onde nossos destinos geralmente estão — dentro de nós em forma de semente, precisando do tempo para ser nutrido. Na sua busca pelo destino nos desvios da estrada de tijolos amarelos, eles tinham crescido e amadurecido até o ponto de poderem agora viver. O leão encontrou a sua coragem. O espantalho encontrou o seu cérebro. O homem de lata encontrou o seu coração.

No entanto, a Dorothy encontrou a maior lição de todas elas.

Ela descobriu que às vezes aonde você está tentando ir não é melhor do que onde você está.

Quando você realmente percebe isso — e o valor de quem você é e de quem está ao seu redor —, você descobre seu destino. Ao reconhecer como a sua vida se une soberanamente e se entrelaça com os outros no momento divinamente apropriado de Deus — a cada dia e todos os dias —, você não apenas traz glória a Deus, mas também traz benefício, propósito e alegria para si mesmo e para todos.

Basta bater os calcanhares três vezes, meu amigo.

Vá em frente.

E muitas vezes, você está mais perto do que você imagina.

Conclusão

 Não há muito tempo tive o privilégio e a honra de viajar para a África do Sul para uma semana de aulas. Enquanto estive lá, visitei vários locais históricos. Nada me tocou mais do que aprender em primeira mão sobre a vida do grande homem Nelson Mandela. Ver como ele foi impactado, o que ele superou e as circunstâncias nas quais ele de alguma forma não só conseguiu sobreviver, mas também se desenvolveu no homem que ele se tornou foi uma lição de humildade para mim.

Nelson Mandela viveu essas lições de desvios como qualquer outra pessoa nos tempos modernos. Quem imaginaria que ele passaria de prisioneiro a presidente?

Quem imaginaria que um desvio de vinte e sete anos numa prisão por causa de nada mais do que da cor de sua pele e a esperança de seu coração um dia conduziriam a uma revolução da liberdade de um sistema cruel como o apartheid?

Quem teria olhado para ele como a criança pequena e pobre que ele foi e visto um dos líderes mundiais mais influentes de todos os tempos?

Poucos, se é que houve alguém.

As palavras de Nelson Mandela tocam profundamente, refletindo pensamentos — afinados e testados pelas mais duras realidades da vida. Mas algo que ele disse uma vez ficou bem no fundo da minha alma na primeira vez que o li, e especialmente quando estive no solo da terra desse homem. Nelson Mandela disse: "Ser livre não é apenas romper os próprios grilhões, mas viver de forma a respeitar e engrandecer a liberdade dos outros".

Essa citação é exatamente o que Nelson Mandela passou os últimos anos de sua vida fazendo, em um ritmo e fervor como de poucos. Seu nome viverá para sempre como um dos maiores homens da história porque permitiu que seu destino fosse um lugar de libertação para outras pessoas que não fossem ele mesmo.

> *"Ser livre não é apenas romper os próprios grilhões, mas viver de forma a respeitar e engrandecer a liberdade dos outros".*

Fizemos uma viagem ao longo das páginas deste livro com outro homem que uma vez definhou na prisão. Seguimos os passos de outro prisioneiro que se tornou príncipe no Palácio. Quem diria que o escravo esquecido no poço e na prisão se tornaria um dia o segundo no comando em uma nação estrangeira? Ninguém teria previsto o futuro de José.

Poucos, se houver alguém.

Mas Deus interveio.

Deus sabia.

Deus tinha um plano para esse homem.

E você? É a sua vez. Alguém olharia para a sua vida e diria: "esta é uma pessoa destinada à grandeza"? As paredes da sua casa e do seu coração assemelham-se a uma vida de propósito? Ou você, como José e Nelson Mandela, está agora em um lugar onde a esperança parece distante, e a luz parece sufocada pela escuridão? Você está em um lugar para o qual você nunca planejou ir? Com pessoas que nunca planejou conhecer? Situações que nunca pensou vivenciar? Você cometeu erros dos quais se arrepende e que você nunca pensou que seria capaz de cometer?

Se esse é o seu caso, não desanime. Porque a mão soberana e providencial de Deus pode usar tudo isso — e usará — para levá-lo ao seu destino quando você renunciar. Enquanto você escolher viver com um deus pequeno em sua perspectiva, as circunstâncias da vida ditarão seus desvios. Porém, quando você passa a compreender Deus como o soberano que abrange todas as coisas, de modo que nada chega a você sem passar primeiro pelas mãos dele, você verá o agir dele.

Sim, você pode não gostar da prisão ou do poço. Mas Deus tem um plano em tudo isso. Ele tem um plano no céu com o seu nome. E esse plano, esse roteiro, é totalmente projetado para levá-lo ao seu destino.

Você tem um destino. Você tem um desígnio divino para a sua vida. Ele oode estar um pouco enevoado neste momento. Pode não ter sido totalmente manifestado por qualquer razão que seja. Ainda assim você tem um destino e um propósito aonde Deus deseja levá-lo.

Desvios desenvolvem o seu caráter.

As provas fortalecem sua aptidão espiritual.

E a demora permite que Deus prepare as pessoas que você deve impactar para que elas estejam prontas quando você criar um vínculo.

Lembre-se, o seu destino nunca é apenas sobre você. O seu destino envolve sempre fazer o bem a outros além de nós mesmos.

Tantos crentes querem que Deus os abençoe. E não há nada de errado em querer uma bênção; mas poucos realmente entendem qual é a definição de uma bênção. Uma bênção pode ser definida como experimentar, desfrutar e estender a bondade de Deus em sua vida. Não é apenas algo que Deus faz a você, mas também algo que Ele faz por meio de você. Tiago nos lembra que a verdadeira religião se manifesta no ministério aos outros (Tiago 1:27). A verdadeira religião nunca envolve apenas você. Deus está sempre fazendo mais do que uma coisa de cada vez

Conclusão

— envolve você, sim, mas não apenas você. Trata-se de promover a agenda do reino de Deus.

E porque o seu destino não se trata apenas você, às vezes os seus desvios e atrasos não estão especificamente ligados a você. Eles estão ligados às pessoas ou situações que precisam estar prontos para você. Deus influencia coisas diferentes, em lugares e em momentos diferentes de modo a prepará-los para cumprir os desígnios dele. Ele está agindo em um lugar que você nem conhece a fim de preparar as circunstâncias que vão direcionar você ao seu destino.

José ficou preso por dois longos anos até que o copeiro se lembrou dele, pois antes desse tempo não era o momento certo para que o copeiro se lembrasse dele. O momento certo foi quando Faraó, a nação, a situação e o copeiro estavam prontos. José não ficou na prisão durante esses dois anos devido a qualquer culpa dele. Ele estava lá porque Deus estava organizando circunstâncias além e fora dele que precisariam dele. Mas essas circunstâncias e pessoas além e fora dele não sabiam que precisavam dele durante esses dois anos.

Aqui está o que não quero que você perca de vista neste exemplo de José e seu destino: José não tinha absolutamente nenhuma ideia sobre o sonho de Faraó. Ele nunca tinha conhecido Faraó. Ele provavelmente nunca pensou que um dia conheceria Faraó. José não sabia o que se passava fora dele. Ele estava sozinho num buraco. Mas em menos de 24 horas, o seu mundo mudou. Em 24 horas, ele se barbeou, mudou de

Desvios

roupa, saiu da prisão e ficou diante do homem mais poderoso do planeta.

Não apenas isso, José foi promovido a um lugar de proeminência e autoridade. Em uma das mais inusitadas reviravoltas do "destino" de todos os tempos, Lemos,

> Então Faraó disse aos seus servos: podemos encontrar um homem como esse, em quem se encontra um espírito divino?". Então, o Faraó disse a José: "uma vez que Deus o tem informado sobre tudo isso, não há ninguém mais prudente e sábio que tu. Estarás encarregado de minha casa e, segundo a sua ordem, todo o meu povo adorará; apenas no trono serei maior do que tu". E o Faraó disse a José: "Eis que te estabeleci sobre toda a terra do Egito". Então Faraó tirou o seu anel de sinete da sua mão, e o colocou na mão de José, e vestiu-o com roupas de linho fino, e colocou o colar de ouro em volta do seu pescoço. Ele o fez cavalgar em seu segundo carro, e eles proclamaram diante dele: "dobrai os joelhos!". E o estabeleceu sobre toda a terra do Egito (Gênesis 41:38-43).

José foi estabelecido sobre toda a terra do Egito! Por quê? Porque Faraó disse que o homem tinha um espírito especial. "Podemos encontrar um homem como esse, em quem se encontra um espírito divino?". Faraó pediu o seu conselho. Era uma pergunta retórica, visto que veio de Faraó. Mas foi registrado

Conclusão

para nós na Escritura para que possamos ver um exemplo da mão poderosa de Deus em tirar alguém da masmorra e levá-lo ao seu destino. José não forçou a entrada. Ele não escalou degraus corporativos. Ele cumpriu o que Deus disse em sua Palavra: "não pela força ou pela violência, mas pelo meu Espírito", diz O Senhor dos Exércitos" (Zacarias 4:6).

O Espírito pode fazer muito em 24 horas.

Amigo, quando Deus está pronto para agir, Ele não tarda. Quando Ele está pronto para mudar sua situação porque você abnegou-se para que Ele aprimorasse você espiritualmente, Ele pode fazê-lo de repente. Do nada. Imediatamente. Como uma estrela cadente no céu, Deus pode trazer algo do nada para iluminar a sua escuridão. Portanto, não fique chateado quando você não pode ver nenhum agir em sua masmorra, porque Deus está trabalhando em outra parte para preparar o lugar, a pessoa, ou as pessoas, aonde Ele está levando você.

Quando Deus mudar a sua posição na vida e Ele remove você de uma situação negativa — ou muda você dentro da situação —, mantenha seus olhos abertos para a bênção que Ele quer que você seja.

Esse é um padrão que encontrei em minha pesquisa sobre José que apareceu ao longo das Escrituras em muitas histórias de pessoas. Deus levaria uma pessoa por desvios para mais tarde fazer algo na vida dela, mudar a sua situação e usá-los para beneficiar outras pessoas além de indivíduos.

Em Gênesis 12, Deus disse a Abraão para deixar a terra de seus pais e ir para uma terra que Ele lhe mostraria. Mas Deus não antecipou as coisas para Abraão. Abraão teve de caminhar pela fé. Agora, se você estudar a vida de Abraão, você verá que ele passa por vinte e cinco anos de desvios. Vinte e cinco anos de coisas boas, ruins e desagradáveis se passam antes de Deus preparar as coisas para a chegada da bênção. Naquele tempo, Abraão amadureceu por meio de testes e provações, e a fé dele se aprofundou. Ele cometeu erros. Alguns deles foram erros bastante grandes, com repercussões duradouras. No entanto, por fim, Abraão estava pronto para a bênção e o destino sobre o qual Deus havia contado para ele tantas décadas antes.

Outra vez, um padrão como esse é encontrado na Escritura, dessa vez no livro de Êxodo. Tenha em mente que quando a Bíblia foi escrita, não houve divisões de capítulos e versículos. Os estudiosos adicionaram essas divisões mais tarde para que as passagens pudessem ser localizadas rapidamente. Êxodo 2:23-25 descreve uma situação crítica, "depois de um longo tempo, o rei do Egito morreu. Os israelitas lamentaram por causa de sua labuta árdua, e clamaram; e o seu clamor por ajuda subiu a Deus por causa da labuta árdua. Então Deus ouviu os seus lamentos, e lembrou-se do seu pacto com Abraão, Isaque e Jacó. Deus olhou os israelitas e viu a situação deles".

Israel está clamando. Os israelitas estão à procura de libertação. E Deus diz, essencialmente, "eu ouço vocês, eu ouço vocês". À medida que avançamos para o capítulo 3, saltamos para um local completamente diferente. Saltamos para algo que pode

Conclusão

parecer completamente irrelevante para o que acabamos de ler. Mas lembre-se que não havia divisões de capítulos e versículos na história original. O escritor acabou de deixar os filhos de Israel clamando por libertação no Egito e saltou até Moisés em um deserto: "enquanto isso, Moisés estava pastoreando o rebanho de seu sogro Jetro, o sacerdote de Midiã. Ele levou o rebanho para o outro lado do deserto e veio para Horebe, o monte de Deus" (3:1).

Havia quarenta anos que Moisés pastoreava ovelhas no meio do nada. O que Moisés tem a ver com uma nação inteira de pessoas clamando a Deus por libertação? Tudo. Porque durante esses quarenta anos no deserto, Moisés tinha aprendido lições de obediência, paciência, humildade, pastoreio, travessia, sobrevivência em um deserto e muito mais.

E quarenta anos antes, os israelitas tampouco estavam a ponto de clamar por um líder. E você se lembra da história, Moisés tentou apresentar-se como o salvador deles naquela época, mas eles não tinham olhos para ver nem ouvidos para ouvir. Eles ainda não haviam sido quebrados ao ponto de que precisassem de alguém como Moisés para intervir. Deus estava esperando que ambos os lados da situação estivessem prontos antes de conduzir Moisés em seu destino e propósito do reino por meio do momento da sarça ardente.

Aqui está outra vez em que esse padrão ocorreu. Você se lembra de Ester? A moça bonita e uma estrela brilhante? Afinal, o nome dela significa "estrela". Ester foi das favelas para o Palácio. Ela é uma rainha agora. Uma rainha com um papel a desempenhar na libertação de uma nação inteira. Quando um plano mau ameça destruir seu povo, Ester corajosamente responde com a ousadia de enfrentar a situação diante de seu rei. Sim, no início ela hesitou, mas agir com coragem não significa não ter medo, significa superá-lo.

No momento certo, o destino de Ester coincidiu com os destinos de seu povo — livrando-os da morte certa, dando-lhes a oportunidade de se defenderem de um esquema horrendo.

Seu destino e propósito para o reino muitas vezes dizem respeito a uma conexão e uma esperança com pessoas além de você mesmo. Procure por eles ao passo que Deus o guia. Orem por eles enquanto espera pacientemente. Afie a sua fé, aprimore as suas habilidades, procure a face de Deus, e Ele irá tirar você do desvio rumo ao destino.

Mantenha os olhos bem abertos, está bem?

Porque Deus tem uma maneira de levá-lo ao seu destino — *de repente.*

Sua opinião é
importante para nós.
Por gentileza, envie seus
comentários para o *e-mail*
editorial@hagnos.com.br

Visite nosso *site*:
www.hagnos.com.br

Esta obra foi composta na
fonte Adobe Devanagari
corpo 12 e impressa na
Imprensa da Fé.
São Paulo, Brasil,
Primavera de 2021.